Patzy Llaleena aus dem Ilmental

Kochen wie die Halblinge
Von der schönsten Kunst

Zauberfeder Verlag, Braunschweig, Germany

Patzy Llaleena aus dem Ilmental
Kochen wie die Halblinge – Von der schönsten Kunst

6. Auflage 2020

Copyright © 2014 Zauberfeder GmbH, Braunschweig

Text: Eva Gramß, Matthias Gramß, Tara Tobias Moritzen
Illustrationen: Kay Elzner
Lektorat: Stephan Naguschewski
Art Direktion: Christian Schmal
Satz und Layout: Christian Schmal
Herstellung: Tara Tobias Moritzen
Druck und Bindung: UAB BALTO print, Vilnius

Ein Dankeschön für die Informationen zum Dutch Oven geht an Tatjana Junker (www.baculus.de).

Printed in Lithuania
ISBN: 978-3-938922-42-2
www.zauberfeder.de

Hinweis:
Das vorliegende Buch ist sorgfältig erarbeitet worden. Dennoch erfolgen alle Angaben ohne Gewähr.
Autoren und Verlag bzw. dessen Beauftragte können für eventuelle Personen-, Sach- oder Vermögensschäden keine Haftung übernehmen.

Patzy Llaleena

Kochen wie die Halblinge

Von der schönsten Kunst

Zauberfeder

INHALT

VON DER SCHÖNSTEN KUNST
ÜBERS KOCHEN

Die Kunst des Kochens wird von vielen unseres Volkes als die höchste von allen angesehen – und das mit Recht! Denn was sind schon die filigranen Handwerkskünste der Zwerge, die überwältigenden Baumwelten der Elfen oder die beeindruckenden Städte der Menschen im Vergleich zu einem guten Eintopf, der die Geschmacksknospen deiner Zunge zum Tanzen bringt? Weit bin ich gereist, vieles habe ich gesehen – und natürlich probiert –, und ich kann Dir guten Gewissens sagen, dass es in dieser Welt nichts Besseres gibt als ein gutes Essen ... außer vielleicht mehr davon. Jedoch musst Du wissen, dass nicht nur große Erfahrung vonnöten ist, um ein Meister der Kochkunst zu werden, sondern auch Leidenschaft und Gefühl. Die Freude über das Leuchten in den Augen deiner Gäste, wenn das Dessert ein Feuerwerk am Gaumen entfacht, ist – neben dem Essen selbst – wohl der schönste Lohn.

Um Dir, lieber Schüler, auf dem langen und steinigen Weg zur Meisterschaft in dieser schönen Kunst zu helfen, habe ich im folgenden Werk meine liebsten Rezepte niedergeschrieben. Manche habe ich von meinen eigenen Meistern erhalten, andere auf meinen Reisen durch die Welt; immer haben mich die Erfahrungen, die ich auf diese Weise sammeln durfte, auch zu neuen, eigenen Kreationen inspiriert.

Alle Rezepte, die ich hier zusammengetragen habe, kannst Du am heimischen Herd zubereiten, viele auch bei Deinen Unternehmungen, wenn Du irgendwann selbst nach neuen - kulinarischen - Erfahrungen suchst. Damit Du deine Visionen gleich in die Tat umsetzen kannst, nehme Dir auf jeden Fall einen gusseisernen Topf mit Deckel mit – die wohl großartigste Erfindung der Zwerge. Onkel Datsch kaufte einst einem reisenden Zwerg einen ab, weshalb der Topf bei uns als Datsch-Ofen bekannt ist.

Wer hätte gedacht, dass beim Buddeln im Dreck doch noch was Sinnvolles rumkommt?

Mit ihm, gemeint ist der Topf, nicht Onkel Datsch, kannst Du kochen, braten und sogar backen. Wobei das mit Onkel Datsch auch sehr gut ging. Ebenso solltest Du einen Kugeltopf aus Keramik mitnehmen, wenn Du Saucen oder Brei machen möchtest.

Bis Du gelernt hast, die Mengen, die Du zum Kochen brauchst, selbst einzuschätzen, orientiere Dich an denen, die ich Dir ausnahmsweise zu den Rezepten aufgeschrieben habe. Mit diesen Mengen bekommst Du zwei Halblinge, drei Zwerge oder vier vom großen Volke satt.

Am nahenden Ende meiner persönlichen Reise wünsche ich Dir schließlich, mein lieber Schüler, großartige Erfahrungen und Erlebnisse in der schönsten Kunst unseres Volkes - ach was, der ganzen Welt! -, wie ich und viele junge Halblinge sie vor Dir sammeln durften.

Patzy Laleena
aus dem Umental

FÜR DEN ERSTEN HUNGER NACH DEM AUFSTEHEN

Das Aufstehen gehört wohl zu den größten Herausforderungen, die ein Halbling gleich zu Tagesbeginn bewältigen muss – und ich versichere Dir, das wird mit dem Alter nicht besser, steht doch jeder von uns vor der Frage, was wichtiger ist: Die liebevolle Zweisamkeit mit dem weichen Federbett oder vielleicht doch einen kleinen Imbiss zu sich zu nehmen, schließlich sind schon mehrere Stunden seit der letzten Mahlzeit vergangen? Ein Dilemma, welches jeden Morgen von Neuem gelöst werden muss. Um Dir die Entscheidung zu erleichtern, habe ich Dir im folgenden Abschnitt eine Auswahl kleiner Leckereien zusammengestellt, die den ersten Hunger stillen und Dich optimal auf das zweite Frühstück und den anschließenden 11-Uhr-Imbiss vorbereiten – und die es wert sind, dafür aufzustehen!

SAUERTEIGBRÖTCHEN

Für frische Brötchen mische am Vortag einen Vorteig aus Sauerteig, Roggenmehl und Wasser. Verrühre die Zutaten gut, bedecke sie mit einem Tuch und lasse den Teig über Nacht an einem warmen Ort stehen. *

Am nächsten Tag verrühre Hefe mit Wasser und Zucker. Stelle die Mischung dann an einen warmen Ort und warte, bis sie Bläschen wirft. So lange Du wartest, vermenge Weizenmehl mit Salz, Kümmel sowie Koriander- und Fenchelsamen und drücke eine Mulde in die Mitte. Gebe dann Honig, Buttermilch, den Sauerteigansatz und die angerührte Hefe in die Mulde, verknete alles gründlich und lasse den Teig eine längere Zeit an einem warmen Ort stehen, bis sein Volumen sich verdoppelt hat. Knete ihn danach abermals und lasse ihn wieder an einem warmen Ort stehen.

Bereite die Backbleche vor, indem Du sie mit Papier auslegst. Wenn Du das gemacht hast, teile den Teig in 32 Portionen, die Du zu Brötchen formst. Setze die Brötchen auf die Backbleche und gebe ihnen ein letztes Mal Zeit zum Ruhen. Heize den Ofen auf mittlere Hitze an und stelle eine kleine Schüssel mit Wasser hinein.

Bevor Du die Brötchen in den Ofen schiebst, bestreiche sie mit Wasser und bestreue sie mit Sonnenblumenkernen oder Haferflocken. Backe sie so lange, bis sie eine appetitliche Farbe und eine knusprige Kruste haben.

* Mein Opa Wilhelm hat den Teig sogar mit ins Bett genommen.

Für den ersten Hunger? So lange wie das dauert?!?

8

ZUTATEN

- ¼ kleine Schüssel Natursauerteig
- 1 große Schüssel Roggen-Vollkornmehl
- ½ Krug lauwarmes Wasser
- 1 Würfel Hefe
- 5 große Löffel lauwarmes Wasser
- 1 kleiner Löffel Zucker
- 1 große Schüssel Weizen-Vollkornmehl
- 1 großer Löffel Salz
- ½ kleiner Löffel gemahlener Kümmel
- ½ kleiner Löffel gemahlene Koriandersamen
- ½ kleiner Löffel gemahlene Fenchelsamen
- 1 großer Löffel flüssiger Honig
- ½ Becher Buttermilch
- 2 große Löffel Sonnenblumenkerne
- 2 große Löffel Haferflocken

Um einen leckeren Quark zu machen, gehe in den Garten und sammle Kräuter, die Dir schmecken. Petersilie, Schnittlauch, Dill, Zitronenmelisse und Borretsch sind eine gute Wahl. Wasche sie gründlich und hacke sie fein. Danach zerkleinere den Knoblauch, nehme so viel wie Du magst, aber denke daran, dass wenn Du zu viel nimmst, Dein Tag sehr einsam wird.

ZUTATEN

- 1 Bund Gartenkräuter (Petersilie, Schnittlauch, Dill, Zitronenmelisse, Borretsch)
- 2 Knoblauchzehen
- ½ große Schüssel Quark
- 1 Becher Crème fraîche
- 2 große Löffel Olivenöl
- Salz, Pfeffer

Vermenge die Kräuter und den Knoblauch gut in einer großen Schüssel mit Quark und Crème fraîche und gebe zwei Löffel Olivenöl hinzu, damit die Masse geschmeidig wird. Am Ende würze mit Salz und Pfeffer, so dass es Dir schmeckt. Reiche den Quark zu frisch gebackenem Brot.

Ich mache den Kräuterquark immer am Abend vorher, dann kann er nämlich noch durchziehen und seinen Geschmack besser entfalten. Salz und Pfeffer gebe ich aber erst am nächsten Tag dazu.

Gut dazu passt auch eine große Gurke. Diese vorher klein schneiden und salzen, kurz warten und mit den Händen die überschüssige Flüssigkeit ausdrücken und die trockenen Gurkenstückchen in den Quark geben.

RAUKE-ZIEGENKÄSE-CREME

Willst Du einen Aufstrich aus Ziegenkäse und Rauke machen, wasche zuerst die Rauke und schneide ihre harten Stiele ab, dann hacke sie grob. Nehme darauf die getrockneten Tomaten und Knoblauchzehen, die Du in feine Würfel schneidest. Gebe die Rauke, die Tomaten und den Knoblauch mit dem Ziegenfrischkäse, den Pinienkernen und dem Olivenöl in einen großen Mörser und zerstoße alles zu einer feinen Masse. Wenn nötig, gebe noch ein wenig Olivenöl dazu. Schmecke die Creme zum Schluss mit Salz und Pfeffer ab.

Nehme statt Ziegenkäse Schafskäse, statt Pinienkernen Walnüsse.

Mein Tipp: Parmesan und Thymian.

Mit ein wenig Zitronenschale wird es schön fruchtig.

ZUTATEN

2 Bund Rauke
½ kleine Schüssel getrocknete Tomaten
2 Knoblauchzehen
½ große Schüssel Ziegenfrischkäse
½ kleine Schüssel Pinienkerne
2 ½ Stamperl gutes Olivenöl
Salz, Pfeffer

KNUTS GESCHENK AN DIE DAMENWELT

Dass Liebe durch den Magen geht, insbesondere bei Halblingsfrauen, musste mein guter Freund Knut mehr oder weniger schmerzhaft am eigenen Leibe erfahren. Bei einem seiner Besuche stellte er eine gar köstliche und süße Creme her, die – bevor sie verzehrt werden sollte – noch ein wenig abkühlen musste. Nun begab es sich aber, dass außer Knut und dem Topf mit der Creme auch vier Halblingsfrauen in der Küche zugegen waren, in deren Obhut er seine süße Kreation ließ. Ein Fehler? Nur aus der Sicht derer, die nichts mehr von der Creme probieren konnten. Zwar war der Topf, der übrigens auch nicht besonders groß war, leer, als Knut kurze Zeit später zurückkehrte, dafür aber hatte er auf einen Schlag vier neue, sehr glückliche Freundinnen.

Um Frauenherzen zu erobern oder die süße Lust zu befriedigen, nehme zuerst ein großes Brett und ein Wiegemesser, mit dem Du die Nusskerne zerkleinerst. Fülle sodann die gehackten Nüsse in einen großen Mörser und zerstoße sie fein. Erhitze danach den Honig mit dem Zucker und den Gewürzen. Ist der Honig flüssig und hat sich der Zucker aufgelöst, gebe die gemahlenen Nüsse in die Honigmasse und verrühre alles gut. Fülle die Creme zum Schluss in kleine Tongefäße und lasse sie abkühlen.

Ein kleiner Schuss Rosenwasser in der Creme schmeckt sehr lecker.

ZUTATEN

- 2 kleine Schüsseln Hasel- und Walnusskerne
- 1 kleine Schüssel Honig
- 1 großer Löffel brauner Zucker
- ½ kleiner Löffel Ingwerpulver
- 1 Prise Zimt
- 1 Prise Kardamom
- 1 Prise Koriander
- 1 Prise Nelken

HUMBUGS
EICHHÖRNCHENFUTTER

Wasche das Obst, entkerne einen Apfel und würfle ihn grob. Zerdrücke das gesamte Obst in einem großen Mörser, bis ein feiner Fruchtbrei entstanden ist. Rühre nach Belieben Honig und Gewürze ein. Zerstoße dann die Haselnüsse und gebe sie ebenfalls dazu. Fülle den Aufstrich in saubere Gläser und stelle diese kühl, dann halten sie bis zu zwei Wochen.

Im Sommer nehme ich statt Blaubeeren und Äpfeln Erdbeeren und Pfirsiche.

ZUTATEN

- 1 kleiner säuerlicher Apfel
- 2 kleine Schüsseln Blaubeeren
- ½ kleine Schüssel flüssiger Honig
- je 1 Prise Zimt und Ingwer
- 2 große Löffel fein zerstoßene Haselnüsse

HIRSEBREI

Für einen süßen und somit guten Start in den Tag mache einen Brei aus frischer Milch und Hirse. Dazu koche zuerst die Milch mit ein wenig Butter, Honig und Salz auf. Nehme den Topf vom Feuer und gebe die gewaschene Hirse dazu. Sie muss nun bei schwacher Hitze so lange quellen, bis ein Brei entstanden ist, der nicht zu dick und nicht zu dünn ist. Am besten schmeckt er mit Zimtzucker, frischem Obst, Pflaumenmus oder getrockneten Früchten.

Brennt schnell an!
Gebe Acht auf die Hitze und rühre bisweilen um,
dann gelingt es leicht.

ZUTATEN

- 1 Krug Milch
- 1 großer Löffel Butter
- 3 große Löffel Honig
- 1 Prise Salz
- 2 kleine Schüsseln Hirse

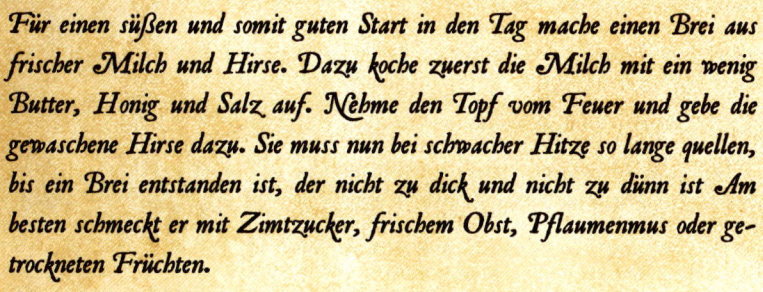

PFANNKUCHEN

ZUTATEN

- 2 Eier
- ½ große Schüssel Mehl
- 1 kleiner Löffel Backpulver
- 1 kleiner Löffel Salz
- ½ Krug Milch
- Butterschmalz zum Ausbacken

Willst Du luftige Pfannkuchen machen, dann nehme zwei Eier und trenne das Weiße von dem Gelben. Schlage die Erweiße so lange, bis ein fester Schnee entsteht. Hast Du das gemacht, vermische das Mehl mit dem Backpulver und dem Salz. Verquirle die Milch mit den Eigelben. Mache aus Mehl und Eiermilch einen schönen Teig, der zäh fließt. Hebe zum Schluss den geschlagenen Eischnee unter den Teig.

Stell eine Pfanne mit Butterschmalz auf das Feuer und warte bis es heiß ist, so dass es Bläschen wirft. Dann gebe ein wenig Teig in die Pfanne und verteile ihn gut. Die Pfannkuchen sind fertig, wenn sie auf beiden Seiten goldbraun gebraten sind. Dazu schmecken eingekochtes Obst, Honig oder Zimt und Zucker. Wer es lieber herzhaft mag, kann auch Kräuterquark, Käse oder Schinken dazu essen.

Den Teig kann man auch schneller haben: Verrühre Eier, Mehl, Milch und Salz – ohne Backpulver und ohne die Eier zu trennen – zu einem glatten, aber zähflüssigen Teig. Ist weniger luftig, aber ebenso lecker.

Speisereste im Pfannkuchen einwickeln und im Ofen mit Käse überbacken.

APFELMUS

ZUTATEN

2 große Schüsseln säuerliche Äpfel
4 große Löffel Zitronensaft
1 großer Löffel Honig
1 Zimtstange

Ein frisches Apfelmus machst Du auf folgende Weise. Nehme schöne, säuerliche Äpfel und wasche sie. Entferne danach den Stilansatz und das Kerngehäuse. Wenn Du Fallobst nimmst, entferne auch die Würmer. Würfle das Fruchtfleisch und gebe es mit dem Zitronensaft, dem Honig und der Zimtstange in einen Kochtopf. Lasse die Äpfel so lange köcheln, bis sie weich sind. Dann kannst Du die Zimtstange herausnehmen und – wenn Du möchtest – das Mus durch ein Sieb streichen. Ist aber kein Muss.

Pfannkuchen mit dem Apfelmus
liebe ich zum 11-Uhr-Imbiss!

BAUERNFRÜHSTÜCK

ZUTATEN

- 2 große Schüsseln kleine festkochende Kartoffeln
- 2 Zwiebeln
- 1 ½ kleine Schüsseln geräucherter Schinken
- 4 große Löffel Rapsöl
- 6 Eier
- 6 große Löffel Milch
- Salz, Pfeffer
- Muskatnuss
- 4 Gewürzgurken
- 4 Tomaten
- ½ Bund Petersilie

Für einen guten 11-Uhr-Imbiss, der Dich für den langen Tag, der vor Dir, oder nach der langen Nacht mit viel Bier und Wein, die hinter Dir liegt, stärkt, nehme Kartoffeln vom Vortag und schäle sie. Dann würfle Zwiebeln und geräucherten Schinken. Gebe das Öl in eine heiße Pfanne, um Kartoffeln, Zwiebeln und Schinken darin anzubraten.

Verquirle die Eier mit der Milch und würze die Mischung kräftig mit Salz, Pfeffer und Muskatnuss. Gebe dies anschließend über die Kartoffelmasse, damit sie stocken kann. Vergiss nicht, das Feuer kleiner zu machen und einen Deckel auf die Pfanne zu legen.

Während Du wartest, nehme Gewürzgurken und gewaschene Tomaten, die Du in Spalten scheidest. Wasche auch ein wenig Petersilie, die Du fein hackst. Ist die Masse gestockt, gebe das Frühstück auf die Teller und garniere es mit den Gurken, den Tomaten und der Petersilie.

Normale Gurken schmecken auch hervorragend.

Dann noch Schafskäse dazu würfeln.

WARMES BIS ES DUNKEL WIRD

Über die Herausforderungen am Morgen habe ich bereits geschrieben. Mit dem Frühstück haben wir uns den ersten Hunger vom Hals geschafft, und der 11-Uhr-Imbiss verhindert, dass bis zur Mittagszeit ein Unglück geschieht. In Gegenden, in denen dieser herrliche Brauch nicht gepflegt wird, hat man von Halblingen gehört, die am Mittagstisch nicht einmal mehr den Suppenlöffel heben konnten. Mit unseren Gepflogenheiten ist man auf der sicheren Seite und kann sich überlegen, wie man den Rest des Tages kulinarisch gestaltet. Gerade im Sommer kann diese Zeit sehr lang werden. Wobei mir noch kein Halblingsmagen über den Weg gelaufen ist, der etwas auf Tages- oder Nachtzeiten gegeben hätte. Wozu auch? Bist Du einmal dem Wort „Brotzeit" begegnet? Es ist ein Begriff der Menschen und offenbart die wirklich sonderbaren Vorstellungen des großen Volkes von Essen. Als ob es für Brot eine bestimmte Zeit gäbe! Ich sage, höre auf Deinen Bauch, dann tust Du nichts Falsches. Er sagt Dir schon, was in Deiner Küche passieren soll. Deshalb mag ich die Zeit bis Einbruch der Dunkelheit, denn alle Gerichte, die ich Dir hier aufgeschrieben habe, schmecken mittags mindestens genauso gut wie am Abend. An einem guten Tag kann man ein Gericht in das nächste übergehen lassen. Aber es gibt auch Tage, da läuft es anders. Denke Dir, Du musst für ein großes Fest am nächsten Tag

schon vieles vorbereiten – da ist es keine leichte Aufgabe, am Vortag alle satt zu kriegen. Da müssen vielleicht zwei große Mahlzeiten nach dem Frühstück reichen! An wirklich hektischen Tagen bereite Speisen zu, die immer gehen. Doch davon später. Nun soll die Rede von den Gerichten sein, die Dich und Deinen Magen sicher vom Mittag bis zum Sinken der Sonne – oder im Winter auch ein wenig weiter – bringen sollen.

FLADENBROT

ZUTATEN

1 Würfel frische Hefe
1 ½ Becher Wasser
1 Prise Zucker
1 kleiner Löffel Salz
1 große Schüssel Mehl
3 große Löffel Olivenöl
1 großer Löffel Rosmarin
1 kleiner Löffel Meersalz

Ein Fladenbrot ist die ideale Beilage für viele Gerichte und einfach gemacht. Zuerst nehme Hefe, die Du mit lauwarmem Wasser und Zucker verrührst. Lasse sie so lange an einem warmen Ort stehen, bis sie Bläschen wirft. Danach gebe sie mit ein wenig Salz zum Mehl und knete daraus einen nicht zu festen Teig, den Du auch wieder an einem warmen Ort stehen lässt.

Ist der Teig groß und luftig geworden, knete ihn erneut kurz durch und rolle ihn zu einem etwa daumendicken Fladen aus. Lege ihn auf ein gefettetes Blech und lasse ihn noch einmal kurz an einem warmen Ort stehen. Beträufle ihn mit Olivenöl und bestreue ihn mit Rosmarin und Meersalz. Backe den Fladen bei mittlerer Hitze im Ofen, bis er eine schöne Farbe hat. Gebe eine Tasse Wasser mit in den Ofen, damit das Brot ordentlich saftig wird.

Manchmal knete ich zusätzlich geriebenen Parmesan oder klein geschnittene Oliven und getrocknete Tomaten unter den Teig.

STINKEBROT

Mache einen Hefeteig, so wie ich ihn im Rezept für Fladenbrot beschrieben habe. Lasse jedoch den Rosmarin und das Meersalz weg. Forme dann kleine Fladen aus dem Teig, die Du in heißem Öl ausbackst.

Darauf hacke die Knoblauchzehen fein und vermische sie anschließend mit Öl und Salz. Wasche den Schnittlauch und schneide ihn in feine Röllchen. Vermische ihn mit der sauren Sahne. Wenn Du magst, gebe noch ein wenig Salz und Pfeffer dazu. Reibe danach den Käse und schneide den Schinken in Würfel.

Hast Du das alles gemacht, kannst Du die Fladen ganz nach deinem Geschmack mit Schnittlauch-Sahne, Knoblauchöl, Käse und Schinkenwürfeln belegen.

ZUTATEN

1 Würfel frische Hefe
1 ½ Becher Wasser
1 Prise Zucker
1 kleiner Löffel Salz
1 große Schüssel Mehl
Öl zum Ausbacken
12 Knoblauchzehen
3 große Löffel Olivenöl
½ kleiner Löffel Salz
½ Bund Schnittlauch
2 Becher saure Sahne
Salz, Pfeffer
2 kleine Schüsseln Käse
1 kleine Schüssel geräucherter
 Schinken

ZWIEGEKOCHTE SUPPE

ZUTATEN

1 gehäufte kleine Schüssel getrocknete
   weiße Bohnen

3 kleine Schüsseln Weißbrot vom Vortag

½ große Schüssel Speck

1 große Stange Lauch

3 Karotten

2 Zwiebeln

3 Knoblauchzehen

6 große Löffel Olivenöl

2 Krüge Fleischbrühe

1 Zweig Thymian

1 große Schüssel Wirsing

Salz, Pfeffer

½ kleine Schüssel frisch geriebener
   Parmesan

Auf dem Markt gibt es auch Händler, die Bohnen schon fertig gegart in Tonkrügen anbieten. Diese Bohnen schmecken genauso gut, und man braucht sie vorher nicht zu kochen. Eine halbe große Schüssel reicht für das Rezept hier aus.

Eine zwiegekochte Suppe ist wohlschmeckend und nahrhaft, jedoch erfordert sie viel Geduld, ehe Du sie genießen kannst. Zwei Abende zuvor musst Du schon die Bohnen einweichen, damit diese rechtzeitig kochfertig sind, und einen Tag vorab gutes Weißbrot backen oder kaufen. Das schneidest Du in Scheiben, damit es besser trocknen kann.

Am Tag bevor Du die Suppe servieren möchtest, koche die Bohnen mit viel Wasser, bis sie weich sind. Schneide dann den Speck, den Lauch, die Karotten, die Zwiebeln und den Knoblauch in feine Würfel und brate sie mit der Hälfte des Olivenöls rundherum an. Anschließend gebe die Fleischbrühe und einen Zweig Thymian dazu. Lasse dies alles eine kleine Weile köcheln. Stelle den Topf dazu nicht direkt in das Feuer, sondern ein wenig zur Seite, denn du benötigst hierfür nicht viel Hitze.

20 Minuten sind eine gute Zeit.

Während die Suppe köchelt, putze die Wirsingblätter und schneide sie in grobe Streifen. Dann drücke die Hälfte der Bohnen zu einem gleichmäßigen Brei mit nur wenigen Stückchen. Gebe alles zur Suppe und lasse sie noch mal für kurze Zeit am Feuer stehen, damit sie köcheln kann.

Wenn die Suppe fertig gekocht hat, schmecke sie erst mit Salz und Pfeffer ab und schichte dann die Brotscheiben von gestern auf die Suppe. Zum Schluss den Deckel drauf und die Suppe über Nacht kühl stellen.

Ist es so weit, dass du die Suppe deinen Gästen kredenzen möchtest, koche sie erneut auf. Reibe in der Zwischenzeit den Parmesan. Ist die Suppe heiß, beträufle sie mit den restlichen drei großen Löffeln Öl und bestreue sie mit dem geriebenen Parmesan.

Sieht nicht schön aus, schmeckt aber herrlich!

HACKFLEISCH-LAUCH-KÄSE-SUPPE

ZUTATEN

- 3 Stangen Lauch
- 2 Knoblauchzehen
- 3 große Löffel Rapsöl
- 1 große Schüssel gemischtes Hackfleisch
- 3 Becher kräftige Brühe
- ½ Becher trockener Weißwein
- 3 kleine Schüsseln Sahneschmelzkäse
- 1 Becher Crème fraîche
- Salz, Pfeffer
- frisch geriebene Muskatnuss

Für die Zubereitung nehme zuerst frischen Lauch aus dem Garten oder vom Markt, putze ihn sorgfältig und schneide ihn in schmale Ringe. Es dürfen auch grüne Ringe mit dabei sein. Dann hole Dir Knoblauch. Von diesem nimmst Du zwei Zehen, die Du fein würfelst.

Stelle einen großen Topf – am besten aus Eisen – auf das Feuer, um in dem heißen Öl erst das Hackfleisch und dann Lauch und Knoblauch anzubraten. Hast Du keinen Eisentopf zur Hand, so nehme eine Pfanne und gebe dann alles in einen Kugeltopf. Sind Hackfleisch, Lauch und Knoblauch angebraten, lösche mit Brühe und Weißwein ab und lasse die Suppe für kurze Zeit auf kleiner Flamme köcheln.

Diese leckere Suppe aus Hackfleisch, Lauch und Käse ist schnell vorbereitet und schmeckt aufgewärmt gleich noch mal so gut – sofern noch etwas übrig ist. Auf vielen unserer Feste habe ich sie als kleinen und leichten Mitternachtsimbiss kredenzt.

Wenn Du das gemacht hast, nehme den Schmelzkäse und rühre ihn vorsichtig in die Suppe. Ist er geschmolzen, kannst Du die Crème fraîche dazu geben. Lasse alles kurz aufkochen, dann schmecke die Suppe mit Salz, Pfeffer und geriebener Muskatnuss ab. Am besten mundet frisches Brot oder Brötchen zur Suppe.

Lasse Deine Kochhilfen früh mit dem Hacken des Fleisches anfangen!

Dazu gutes Zwergenbier.

KNOBLAUCHSUPPE

Willst Du eine gesunde und aromatische Suppe machen, nehme 21 frische Knollen Knoblauch und schäle die Zehen. Hole Dir noch aus dem Garten ein Bund frische Kräuter und binde sie gut an den Stängeln zusammen. Gebe den geschälten Knoblauch, die Kräuter, Salz, Pfeffer und Olivenöl in einen Topf mit ausreichend Wasser und lasse alles aufkochen.

Wenn die Suppe eine Stunde gekocht hat, entferne Knoblauch und Kräuter aus der Suppe und zerstoße sie im Mörser zu einem feinen Brei. Danach schmelze in einem anderen Topf die Butter und rühre das Mehl zügig ein. Lösche löffelweise mit der Suppe ab, bis eine gleichmäßige Masse ohne Klümpchen entstanden ist. Füge diese Masse mit dem Knoblauch-Kräuter-Brei zurück in die Suppe und lasse sie kurz aufkochen. Beginnt die Suppe dicker zu werden, nehme sie wieder vom Feuer, damit sie ein wenig abkühlen kann. Schlage die Eier mit ein wenig warmer Suppe auf und gebe alles wieder in den großen Topf zurück. Gut umrühren und mit Salz und Pfeffer abschmecken.

ZUTATEN

21 Knoblauchknollen   *21 Knollen?*
1 Bund gemischte Kräuter
Salz, Pfeffer
4 große Löffel Olivenöl
2 ½ Krüge Wasser
¾ kleine Schüssel Butter
½ kleine Schüssel Mehl
2 Eier

Ein Tipp von einem Händler gegen den Mundgeruch: Kaue Kardamomsamen und gebe auch Deinen Gästen davon.

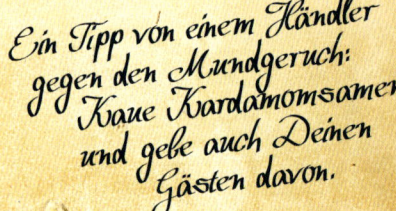

GEMÜSESUPPE MIT KÄSEKLÖSSCHEN

ZUTATEN

½ große Schüssel Möhren

½ kleine Sellerieknolle

1 Petersilienwurzel

1 Kohlrabi

1 große Kartoffel ✳

½ kleine Schüssel durchwachsener Speck

Salz, Pfeffer

1 Krug Fleischbrühe

½ Bund Petersilie

✳ Probiere ruhig auch anderes Gemüse aus, je nachdem was Garten oder Händler Dir bieten.

KÄSEKLÖSSCHEN

2 große Löffel Käse

3 kleine Löffel Butter

1 Ei

2 große Löffel Semmelbrösel

1 kleiner Löffel Mehl

Salz, Pfeffer

Muskatnuss

Eine leichte Gemüsesuppe mit Käseklößchen wird folgendermaßen zubereitet. Nehme das Gemüse (bis auf die Petersilie) und die Kartoffel, schäle diese und würfle sie dann. Danach schneide den Speck in genauso große Stücke, wie Du das Gemüse geschnitten hast.

Gebe den Speck in einen heißen Topf und lasse das Fett aus. Hierin dünstest Du dann das Gemüse. Hast Du das gemacht, gieße mit der Brühe auf und lasse alles so lange kochen, bis das Gemüse die Konsistenz erreicht hat, die Du am liebsten magst.

Während die Suppe köchelt, bereite die Käseklößchen zu. Dazu reibe zuerst den Käse ganz fein.

Ich finde, je strenger der Käse riecht, desto aromatischer und besser werden die Klößchen.

Danach vermische ihn mit Butter, Ei, Semmelbröseln und Mehl zu einem geschmeidigen Teig. Wenn Du magst, würze ihn noch mit Salz, Pfeffer und Muskatnuss. Gib dem Teig kurz Zeit zum Ruhen. In der Zwischenzeit kannst Du aber schon die Petersilie waschen und hacken.

Hat der Teig genug geruht, steche mit zwei Löffeln kleine Klößchen ab, um sie in der Suppe gar ziehen zu lassen. Schmecke die Suppe nach Bedarf mit Salz und Pfeffer ab und gebe zum Schluss die gehackte Petersilie drüber.

FRUCHTIGE KÜRBISSUPPE

ZUTATEN

4 kleine Schüsseln Kürbisfruchtfleisch
1 Zwiebel
2 kleine Löffel fein gehackter Ingwer
2 große Löffel Olivenöl
½ Krug Gemüsebrühe
1 Becher Orangensaft
1 Orange
Salz, Pfeffer
4 große Löffel Kürbiskernöl

Wenn sich die Blätter an den Bäumen bunt färben und die Tage kürzer und kälter werden, gibt es nichts Besseres, als sich mit einer warmen Suppe die Kälte aus den Gliedern zu treiben. Ein sehr wohlschmeckendes Gemüse dieser Jahreszeit ist der Kürbis. Es gibt ihn in vielen Größen, in essbaren und nicht essbaren Varianten. Für eine Suppe aus Kürbisfleisch wähle natürlich einen Kürbis, der auch essbar ist. Schäle ihn und entferne die Kerne. Nehme dann vom Fruchtfleisch gerade so viel, wie Du für die Suppe benötigst, und würfle es. Danach hole eine große Zwiebel und frischen Ingwer, hacke beides fein und brate es in Olivenöl an, bevor Du das Fruchtfleisch vom Kürbis mit dünstest. Lösche mit Brühe und Orangensaft ab und köchele die Suppe so lange, bis der Kürbis weich ist.

Während Du wartest, wasche die Orange gründlich und schneide Zesten aus der Schale.

Nehme nur den orangefarbenen Teil und nicht den weißen, da dieser bitter schmeckt.

Stelle die Orangenzesten zur Seite und schneide die restliche Schale runter. Befreie mit einem scharfen Messer die Filets von den Trennhäuten und stelle diese ebenfalls zur Seite.

Sind die Kürbiswürfel weich, streiche die Suppe durch ein feines Sieb und würze sie mit Salz und Pfeffer. Gebe zum Schluss das Kürbiskernöl und die Orangenzesten und -filets dazu.

KÄSE-BIER-BROT

ZUTATEN

2 kleine Schüsseln Cheddar

2 große Löffel weiche Butter

1 kleiner Löffel Senf

¼ kleiner Löffel Salz

1 Messerspitze Cayennepfeffer

¼ kleiner Löffel Worcestersauce

2 kleine Löffel Bier

4 große Scheiben Brot

1 großer Löffel Butterschmalz

Das Rezept ist schon seit Generationen in unserer Familie und das Brot wird traditionell zum Nachmittagstee gereicht. Willst Du es auch einmal probieren, brauchst Du zuerst ein Stück Käse, das Du grob raspelst. Vermische den geriebenen Käse in einer großen Schüssel mit weicher Butter, Senf, Salz, Cayennepfeffer, Worcestersauce und Bier. Nun nehme vier große Scheiben Brot und röste sie in einer heißen Pfanne mit ein wenig Butterschmalz an. Lege sodann die Brotscheiben mit der gerösteten Seite nach unten in eine feuerfeste Form und gebe die Käsemischung über das Brot. Stelle die Form bei mittlerer Hitze in den Ofen und lasse sie so lange dort stehen, bis der Käse goldgelb ist und leichte Blasen wirft. Sofort essen, wenn es aus dem Ofen kommt.

Ich sag's nur ungern aber es macht satt! Vier Scheiben reichen tatsächlich bis zum Abendessen.

KÄSENOCKEN

ZUTATEN

1 große und 1 kleine Schüssel frischer Brie

2 kleine Schüsseln Mehl

Salz

6 Eigelbe

½ große Schüssel Spinat

8 große Löffel frisch geriebener Parmesan

Willst Du Käsenocken machen, nehme dazu den frischen Brie und drücke ihn zu Brei. Dann mische Mehl und Salz langsam mit der Hand unter. Wenn Du das gemacht hast, gebe die Eigelbe dazu und knete einen Teig, der nicht zu fest und nicht zu weich ist.

Nehme den Spinat und putze ihn sorgfältig. Dann hacke ihn grob.

Setze einen großen Topf mit Salzwasser auf das Feuer und bringe es zum Kochen. Danach gebe den Spinat hinzu und steche mit zwei kleinen Löffeln Nöcken vom Teig ab, die Du vorsichtig in das kochende Wasser gleiten lässt. Lasse alles zusammen kochen, bis die Nöcken nach oben steigen, dann sind sie fertig. Hole sie mitsamt Spinat heraus. Gebe sie in eine tiefe Schüssel und bestreue sie zum Schluss mit dem Parmesan.

Ich nehme lieber Frischkäse, dann muss man aber mehr Mehl nehmen.

Spinat? Nur, wenn es denn sein muss. Ich mag die Nocken lieber ohne das Grünzeug und dafür mit mehr Parmesan.

GEGRILLTE NUDELSCHNECKEN

ZUTATEN

½ große Schüssel Mehl

1 ½ kleine Schüsseln Hartweizengries

5 Eier

5 große Löffel Rapsöl

1 kleiner Löffel Salz

7 große Löffel Wasser

2 große Zwiebeln

3 Knoblauchzehen

1 Bund Petersilie

2 große Löffel Semmelbrösel

Pfeffer, Salz

Muskatnuss

1 große Schüssel Fleisch vom Rind, fein gehackt

1 Bund Suppengrün

1 ½ große Löffel Butter

1 Tomate

1 Becher Fleischbrühe

2 große Löffel Schmand

1 kleiner Löffel Tomatenmark

Nicht mit den kleinen Kriechtieren im Garten zu verwechseln, sind diese Schnecken durchaus appetitlich, wohlduftend und nicht nur für die Augen ein Schmaus. Um Nudelschnecken zu machen, musst Du zuerst Mehl, Gries, drei Eier und einen großen Löffel Öl mit Salz und Wasser zu einem geschmeidigen Teig verkneten. Lasse ihn zugedeckt einen Moment ruhen, bevor Du ihn auf einem bemehlten Tuch ausrollst.

Während Du wartest, bereite die Füllung vor. Dafür nimmst Du Zwiebeln, Knoblauch und Petersilie, die Du fein würfelst. Gebe sie mit den restlichen Eiern, den Semmelbröseln, Pfeffer, Salz und Muskatnuss zum Hackfleisch und vermische alles gründlich. Wenn Du das gemacht hast, verstreiche die Fleischmasse gleichmäßig auf der Nudelplatte, aber lasse an jeder Seite einen kleinen Rand stehen. Schlage daraufhin die Ränder ein und rolle die Teigplatte an ihrer langen Seite beginnend auf. Danach schneide dicke Scheiben runter, die Du großzügig mit Öl einstreichst. Heize den Grill gut auf und lege die Scheiben auf den heißen Rost. Grille sie von beiden Seiten so lange, bis das Fleisch durch ist.

Ist das Wetter mal nicht so gut, mache ich die Schnecken in der Pfanne.

Eine Gemüsesauce passt dazu hervorragend. Nehme dazu Suppengrün, putze es und schneide es in feine Würfel. Dann erhitze ein wenig Butter und dünste darin das Gemüse. Nehme eine Tomate, wasche sie und schneide sie ebenfalls in Würfel. Gebe sie mit der Brühe zu den Gemüsewürfeln und lasse alles köcheln, bis das Gemüse weich ist. Passiere die Sauce durch ein feines Sieb und verdünne sie nach Bedarf mit ein wenig Brühe. Schmecke sie zum Schluss mit Schmand, Salz, Pfeffer und Tomatenmark ab.

Noch feiner wird es, wenn man die Haut der Tomate abzieht.

KÄÄÄÄSENUDELN

Ohne Nudeln gut geeignet, um undichte Töpfe zu kitten.

ZUTATEN

- 1 ½ große Schüsseln Nudeln
- ½ große Schüssel Gouda
- ½ große Schüssel Appenzeller
- ½ große Schüssel Cheddar
- ¾ kleine Schüssel Butter
- 3 große Löffel Mehl
- 1 kleiner Löffel Cayennepfeffer
- 1 großer Löffel weißer Pfeffer
- ½ Krug kalte Milch
- 1 kleiner Löffel Salz
- 5 große Löffel Semmelbrösel
- 1 kleiner Löffel Paprikapulver

Mit dieser Beilage wird auch der hungrigste Gast satt. Nehme hierfür eine gute Portion Nudeln, die Du bissfest kochst. Reibe Käse, drei Sorten sollten genügen. Wenn Du das gemacht hast, schmelze die Butter in einem großen Topf und gebe dann Mehl, Cayennepfeffer und weißen Pfeffer dazu, die Du sorgfältig unterrührst. Anschließend gieße unter ständigem Rühren die Milch unter, aber langsam, damit sich keine Klümpchen bilden. Wenn die ganze Milch im Topf ist, lasse die Sauce kurz aufkochen. Rühre danach den geriebenen Käse unter, bis eine gleichmäßige, dickflüssige Sauce entstanden ist. Schmecke sie nach Bedarf mit ein wenig Salz ab.

Bevor der Käse in den Topf kommt, muss die Sauce schön geschmeidig sein.

Wie eine Mehlschwitze!

Fette eine Auflaufform, in die Du Nudeln und Käsesauce gibst. Vermische beides gut und bestreue die Käsenudeln mit Semmelbröseln und Paprika. Backe den Auflauf bei mittlerer Hitze so lange im Ofen, bis sich eine goldbraune Kruste gebildet hat.

GRUNDREZEPT NUDELN

ZUTATEN

4 Eier

4 kleine Schüsseln Mehl

1 Prise Salz

1 großer Löffel Olivenöl
  (für die Hände)

Für den Teig brauchst Du Eier, Mehl und etwas Salz. Das Ganze wird zu einem festen Teig verknetet, der nicht kleben darf. Ist der Teig zu fest, helfen ein paar Tropfen Wasser – aber nicht zu viel, sonst wird er zu klebrig und lässt sich nicht gut ausrollen.

Wenn man sich die Hände vor dem Kneten mit Olivenöl einreibt, lässt sich der Teig leichter kneten, weil er nicht so sehr an den Händen kleben bleibt. Und: Nicht nur Wasser macht den Teig geschmeidig, Öl auch.

Der Teig muss anschließend ein wenig ruhen, bis Du ihn weiterverarbeiten kannst.

EINE SAUCE, WENN ES WIRKLICH SCHNELL GEHEN MUSS

ZUTATEN

4 kleine Schüsseln getrocknete Nudeln

8 Knoblauchzehen

2 scharfe Chilischoten

1 großer Löffel Olivenöl

2 Stamperl sehr gutes Olivenöl

Salz, Pfeffer

8 große Löffel geriebener Parmesan

Während Du die Nudeln in reichlich Salzwasser kochst, hacke Knoblauchzehen und Chilischoten fein. Brate beides in ein wenig Olivenöl an. Sind die Nudeln bissfest, gebe sie zum Knoblauch und den Chilischoten und vermische alles gut. Zum Schluss kommen das gute Olivenöl sowie Salz, Pfeffer und geriebener Parmesan dazu.

Die Sauce hat nur wenige Zutaten, nehme Olivenöl, Salz und Pfeffer von wirklich hoher Qualität. Du wirst den Unterschied garantiert schmecken.

SCHNELLE KÄSESAUCE

Zuerst mache einen Nudelteig, den Du ausrollst und in feine Streifen schneidest. Lasse die Nudeln kurz trocknen, dann bringe viel Salzwasser zum Kochen. Gebe die Nudelstreifen in das kochende Wasser und warte, bis sie an die Oberfläche steigen. Dann sind sie fertig.

Für die Käsesauce schneide zuerst die Zwiebel und dann den Schinken in kleine, gleichmäßige Würfel. Mache einen kleinen Löffel Butter heiß, in die Du Zwiebel und Schinken gibst, bis sie schön gebräunt sind. Wenn Du das gemacht hast, gebe nach und nach den Schmelzkäse dazu, bis er geschmolzen ist, dann kommen die restliche Butter und Sahne dazu. Lasse alles aufkochen. Wenn die Sauce gekocht hat, streue die getrockneten Kräuter ein und schmecke alles mit Salz und Pfeffer noch mal ab. Gebe die fertigen Nudeln in die Sauce und reiche sie am Tisch gemeinsam mit einem grünen Salat aus dem Garten.

ZUTATEN

1 Zwiebel

1 ½ kleine Schüsseln gekochter Schinken am Stück

2 kleine Löffel Butter

1 ½ kleine Schüsseln Schmelzkäse

1 Becher Sahne

2 kleine Löffel Kräuter der Provence

Salz, Pfeffer

STEINPILZFÜLLUNG

ZUTATEN

1 Handvoll getrocknete Steinpilze

½ Becher und 1 Stamperl Wasser

2 Schalotten

2 kleine Löffel Butter

2 großzügige Stamperl trockener Weißwein

5 große Löffel Haselnüsse

1 ½ kleine Schüsseln Ricotta

1 Eigelb

Salz, Pfeffer

1 Prise frisch geriebene Muskatnuss

½ Becher Olivenöl

6 Stängel Petersilie

2 Knoblauchzehen

½ kleiner Löffel grobes Meersalz

8 Scheiben Parmaschinken

½ kleine Schüssel Parmesan am Stück

Zuerst brauchst Du einen Nudelteig, den Du wie oben beschrieben zubereitest. Eine leckere Steinpilz-Füllung bereitest Du dann so zu: Nimm eine gute Handvoll Steinpilze aus deiner Vorratskammer. Um sie wieder saftig zu machen, weiche sie in heißem Wasser ein. Nehme davon ½ Becher und 1 Stamperl. Sobald die Pilze schön weich sind, nehme sie aus dem Wasser und schneide sie in feine Würfel. Hebe das Wasser, in dem sie lagen, gut auf, weil Du es später noch brauchen wirst.

Als Nächstes schneide die Schalotten in feine Würfel. Brate diese in einer Pfanne mit der Butter an. Danach nehme ein wenig vom Feuer weg und gebe die Pilzwürfel zu den Schalotten in die heiße Pfanne. Lasse beides kurz dünsten und gebe das Wasser, das Du von den Pilzen aufgehoben hast, und den Wein dazu. Lasse alles so lange kochen, bis keine Flüssigkeit mehr zu sehen ist.

Während die Pilzmasse köchelt, hacke die Haselnüsse grob und setze sie in einer weiteren Pfanne auf das Feuer.

Fett brauchst Du nicht hinzuzugeben, da die Nüsschen nur ein wenig Farbe annehmen und ihr Aroma stärker entfalten sollen.

Sind die Nüsschen und die Pilze abgekühlt, vermische beides und gebe noch Ricotta und Eigelb dazu. Würze anschließend kräftig mit Salz, frisch geriebenem Pfeffer und Muskatnuss.

Nun kann der Nudelteig ausgerollt und in Rechtecke geschnitten werden. Auf diese Rechtecke setzt Du dann je einen kleinen Löffel von der Füllung und verschließt die Nudeltaschen sorgfältig. *

Die fertigen Nudeltaschen werden in Salzwasser gekocht, bis sie an der Oberfläche schwimmen.

So lange die Nudeln am Kochen sind, gehe in den Garten und hole ein paar saftige Stängel Petersilie. Diese wäscht Du und hackst sie grob. Danach gebe sie zusammen mit Knoblauch, Meersalz und Pfeffer in einen Mörser und zerstoße alles gründlich. Füge nach und nach das Olivenöl dazu, bis eine gleichmäßige Masse entstanden ist. Diese gibst Du zusammen mit Schinkenstreifen und Parmesanhobeln über die fertigen Nudeln.

* Zum Verschließen nehme ich immer gerne das Eiweiß, das ich nicht für die Füllung brauche.

Die Meisterin war entweder sehr schnell, oder sie hatte einen kleinen Garten. Die Nudeln sind sofort fertig gekocht.

HACKFLEISCHFÜLLUNG À LA WILHELM

Ein alter Halbling mit Namen Wilhelm, den ich auf meinen langen Reisen kennen- und schätzen lernte, hat mir kurz vor unserem Abschied ein wohlgehütetes Geheimnis verraten: sein Rezept für Nudeln, die mit Fleisch gefüllt werden.

ZUTATEN

3 ½ kleine Schüsseln Hackfleisch

2 Knoblauchzehen

1 ½ kleine Löffel Salz

1 kleiner Löffel Pfeffer

1 kleiner Löffel Muskat

1 kleiner Löffel Paprikapulver

¼ kleiner Löffel Thymian

½ kleiner Löffel Majoran

1 Messerspitze Nelken

¼ kleiner Löffel Cayennepfeffer

Wasser

Willst Du diese gefüllten Nudeln selber machen, bereite einen Nudelteig zu, wie er oben beschrieben ist. So lange er ruht, kannst Du Dich um die Füllung kümmern. Dazu würze das gehackte Fleisch mit klein geschnittenem Knoblauch, Salz, Pfeffer, Muskatnuss, Paprikapulver, Thymian, Majoran, Nelken und ein wenig Cayennepfeffer. Meistens ist der Teig nun genug ausgeruht, um ihn dünn auszurollen. Wenn das geschafft ist, wird er in kleine Rechtecke geschnitten und mit dem Fleisch gefüllt, indem Du kleine Teigtaschen formst. Damit der Teig besser hält, befeuchte die Stellen, die aufeinandergedrückt werden, mit ein wenig Wasser. Zum Schluss werden die Nudeln in Salzwasser gekocht. Schwimmen sie oben, sind sie fertig. Am besten schmecken sie mit Tomatensauce.

Mit Butter und Parmesan sind sie aber auch nicht schlecht.

In der Butter vorher Salbeiblätter anrösten und über die Nudeln geben.

FRUCHTIGE TOMATENSAUCE

Mache wie oben beschrieben einen Nudelteig, rolle ihn aus und schneide ihn mit einem scharfen Messer in dünne Streifen. Koche die Streifen so lange in Salzwasser, bis sie an die Oberfläche steigen.

Für die Sauce musst Du die frischen Tomaten häuten. Das geht am besten, wenn Du sie erst mit heißem Wasser übergießt und dann in kaltes Wasser legst. Entkerne sie und schneide sie dann in grobe Stücke. Danach nimmst Du die getrockneten Tomaten und zerteilst diese ebenfalls in Stücke, diesmal jedoch in feine. Auch die Zwiebel und der Knoblauch werden fein gehackt.

Was eine Arbeit, das lasse ich sein.

Wenn Du das erledigt hast, setze einen Topf auf das Feuer und erhitze das Olivenöl. Darin brätst Du die Zwiebel, den Knoblauch und die Chilischote an, bis die Zwiebeln glasig sind. Lösche das Ganze mit Rotwein ab und lasse alles kurz aufkochen.

Danach gebe die Tomaten – frische und getrocknete – zusammen mit dem Honig und dem Orangensaft dazu.

Wenn ich nur getrockneten Thymian habe, gebe ich ihn jetzt schon zur Sauce.

Lasse alles etwas einkochen. Während die Sauce auf dem Feuer brodelt, streife die Thymianblätter vom Stil und hacke sie grob. Hat die Sauce genug geköchelt, gebe das Tomatenmark und den Thymian dazu. Wenn nötig, schmecke die Sauce mit ein wenig Salz und Pfeffer ab.

ZUTATEN

1 große Schüssel Tomaten
½ Handvoll getrocknete Tomaten
1 Zwiebel
3 Knoblauchzehen
3 große Löffel Olivenöl
1 getrocknete Chilischote
½ Becher Rotwein
1 kleiner Löffel Honig
2 Stamperl Orangensaft
1 Zweig frischer Thymian
2 große Löffel Tomatenmark
Salz, Pfeffer

SCHUPFNUDELN SÜSS UND HERZHAFT

ZUTATEN

1 ½ große Schüsseln mehlig kochende Kartoffeln
1 Ei
1 kleiner Löffel Salz
1 Messerspitze geriebene Muskatnuss
2 kleine Schüsseln Mehl
Butterschmalz zum Ausbacken

Schupfnudeln machst Du so: Zuerst wasche die Kartoffeln kurz, damit nicht so viel Erde in das Kochwasser kommt. Koche die ungeschälten Kartoffeln, bis sie weich sind, und ziehe dann mit schneller Handbewegung die Schale ab. Zerstampfe die Kartoffeln sorgfältig und lasse sie gut auskühlen.

Ich koche und zerstampfe die Kartoffeln immer schon am Vorabend.

Sind die zerstampften Kartoffeln kalt genug, gebe das Ei und die Gewürze dazu und vermenge alles gründlich. Dann streue ein wenig Mehl ein und knete den Teig. Mache das so lange, bis er nicht mehr klebt und sich gut formen lässt.

Forme aus dem Teig Rollen, etwa vier Zentimeter im Durchmesser, die Du dann in nicht zu dünne Scheiben schneidest. Daraus rollst Du fingerdicke Nudeln, die erst einmal im heißen Wasser ziehen müssen, bis sie an der Oberfläche schwimmen. Brate sie abschließend in heißem Butterschmalz scharf an.

FÜR SÜSSSCHNÄBEL

4 große Löffel Zucker
1 kleiner Löffel Zimt

Willst Du Deine Schupfnudeln süß essen, dann vermische Zucker und Zimt gründlich miteinander und streue die Mischung über die heißen Schupfnudeln.

Dazu ein großes Stück Butter über die Nudeln.

FÜR PILZFREUNDE

½ Menge Schupfnudeln aus dem
   Grundrezept, nicht gebraten
1 Zwiebel
1 Zehe Knoblauch
½ kleine Schüssel durchwachsener Speck
1 kleine Möhre
1 kleine Zucchini
1 kleine Stange Lauch
½ große Schüssel gemischte Pilze
1 großer Löffel Öl
½ Becher Brühe
1 kleine Schüssel Parmesan
etwas mehr als ½ Becher Sahne
1 kleiner Löffel getrockneter Basilikum
1 kleiner Löffel getrockneter Thymian
1 kleiner Löffel Sojasauce
Salz und Pfeffer

Bereite die Hälfte der Schupfnudeln wie oben beschrieben zu, aber brate sie nicht an.

Nehme Zwiebel, Knoblauch und Speck und würfle sie fein. Putze die Möhre, die Zucchini und den Lauch und schneide alles in dünne Scheiben. Danach putze die Pilze und halbiere die großen. Du kannst Champignons, Pfifferlinge, Steinpilze oder jegliche andere Pilze, die Dir schmecken, hierfür nehmen.

Hast Du das gemacht, stelle eine große Pfanne auf das Feuer und erhitze das Öl. Dann gebe die Zwiebel, den Knoblauch und den Speck dazu und brate alles kurz an. Gebe das Gemüse dazu, so dass es ein wenig Farbe erhält. Danach gieße die Brühe dazu und lasse alles kurz köcheln. Anschließend kommen die Schupfnudeln und die Pilze dazu. Lasse alles noch mal die gleiche Zeit simmern.

Reibe in der Zwischenzeit den Parmesan und gebe ihn gemeinsam mit der Sahne in die Pfanne. Füge auch die Gewürze und die Sojasauce dazu und schmecke das Ganze mit Salz und Pfeffer ab. Die Pilzpfanne ist fertig, wenn die Sauce sämig ist.

ÜBER PILZE

Nichts Besseres gibt es in unserer Küche als Pilze. Sie können auf vielfältige Weise zubereitet werden, egal ob gekocht oder gebraten – Hauptsache sie sind frisch und zahlreich. Um sicher zu sein, dass ich immer die frischsten Pilze in meiner Küche habe, gehe ich oft in den Wald und sammle sie selbst. In meinen inzwischen doch schon etwas zahlreichen Lebensjahren habe ich beim Sammeln viele Erfahrungen gemacht, von denen ich Dir, lieber Schüler, die wichtigsten mit auf den Weg geben möchte.

Von Juni bis Oktober – manchmal sogar noch im November – findest Du in gemischten Laubwäldern und am grasigen Waldesrand die besten Pilze, Maronen auch im Nadelwald. Der ideale Zeitpunkt zum Sammeln ist nach einem kräftigen Regenguss, da es die meisten Pilze feucht und warm lieben. So lecker sie sind, so launisch sind sie auch: In manchen Jahren wachsen sie fast überall, während sie in anderen Jahren – manchmal ohne erkennbaren Grund – nahezu gar nicht zu finden sind.

Wenn Du Dich entscheidest, selbst in den Wald zu gehen, um Pilze zu sammeln, ziehe robuste Kleidung und feste Schuhe an, denn Pilze wachsen nur selten am Wegesrand, und wenn doch, hat sie bereits jemand anderes geerntet. Also suche abseits der Wege im Unterholz. Einen luftigen Korb benötigst Du: Hierin kannst Du die Pilze sammeln, ohne sie zu zerdrücken oder sonstwie zu beschädigen. Ein gutes Messer solltest Du ebenfalls dabei haben. Und etwas zu essen, denn Du bist vielleicht viele Stunden auf der Suche.

Beschränke Dich am Anfang auf Röhrenpilze wie Steinpilze, Maronen, Birkenpilze, Rotkappen und Butterpilze. Eine Verwechslung endet in diesen Fällen nicht dramatisch. Es gibt nur einen giftigen Röhrenpilz, nämlich den Satanspilz, der schrill in meist gelben und roten Farben leuchtet und daher leicht zu erkennen ist. Steinpilze, Maronen, Birkenpilze und Butterpilze haben einen Hut in Brauntönen, die Rotkappe – wie der Namen schon verrät – einen in dezentem Rot.

Wenn Du Dir nicht sicher bist, dann lasse die Finger weg von Lamellenpilzen! Du musst wissen, dass hier eine Verwechslung schnell tödlich enden kann – auch bei einem Halblingsmagen.

Nicht vergessen!!!

Berühmt und berüchtigt unter den Lamellenpilzen ist der Knollenblätterpilz, der leicht mit Champignons verwechselt werden kann. Meiden solltest Du auch besonders schrille und bunte Sorten wie den Fliegenpilz.

Den Unterschied zwischen Röhren (feines Netz) und Lamellen (lamellenblättrig) an der Unterseite des Huts kannst Du gut erkennen, wenn Du die Pilze einmal gesehen hast.

Oft ist es eine reine Glückssache, welche Pilze ich finde. Diese Erfahrung wirst Du sicherlich auch machen. Hast Du aber den ersten Pilz gefunden und ihn als essbar erkannt, schneidest Du ihn mit dem Messer am Stiel kurz über dem Boden ab und legst ihn vorsichtig in Deinen Korb. Zumeist hat ein Pilz Gesellschaft, suche also gleich im Umkreis, ob Du noch weitere findest. Manchmal reicht schon eine Pilzgruppe für eine ganze Pfanne. Lasse aber die alten Pilze stehen, denn ihre Sporen sorgen für Pilznachwuchs, den Du später noch sammeln kannst.

Aber wenn ich Hunger habe?

Wenn Du genug gesammelt hast oder der Korb voll oder Dein Proviant aufgebraucht ist, gehe am besten gleich nach Hause, ohne einen Umweg über die Schenke. Das hat zwei Gründe: Du möchtest zum einen sicherlich nicht, dass unerwartete Gäste vor der Tür stehen, die etwas von Deiner Ernte abhaben möchten, und zum anderen wollen Pilze zügig zubereitet werden - zumindest noch am selben Tag. Dazu werden sie vorsichtig auf dem Tisch mit einer Papierunterlage ausgebreitet, durchgesehen, geputzt, gewaschen und klein geschnitten.

In einer Pilzsaison kannst Du je nach Wetterlage mehrmals sammeln, und wenn Du besonders gute Pilze findest - wie beispielsweise Steinpilze, auch der „König unter den Pilzen" genannt, dann kannst Du Dir einen Wintervorrat anlegen. Dazu musst Du die Pilze reinigen, nicht waschen, in Scheiben auf ein Papier legen und dann bei geringer Wärme an frischer Luft gut trocknen lassen. Lege sie danach in ein Glas und verschließe es gut. So musst Du auch im Winter nicht auf Deine Pilze verzichten.

IN GEWÜRZEN GEDÜNSTETE PFIFFERLINGE

ZUTATEN

- 1 große Schüssel Pfifferlinge
- 1 kleine Zwiebel
- 2 große Löffel Olivenöl
- Salz
- 1 Prise frisch gemahlener Pfeffer
- 1 Prise Ingwerpulver
- 1 Prise frisch geriebene Muskatnuss
- 2 Prisen Korianderpulver
- ½ Bund Petersilie

Ich kenne mich mit Pilzen nicht aus, deswegen gehe ich lieber auf den Markt. Dann bin ich auf der sicheren Seite, dass sie nicht giftig sind, und schneller wieder zu Hause.

Und man hat doch Zeit für die Schenke!

Putze die Pilze sorgfältig. Wenn Du das gemacht hast, schneide die Zwiebel in kleine Würfel. Brate beides in einer heißen Pfanne mit ein wenig Olivenöl an. Dann gebe Salz und die frisch gemahlenen Gewürze und das Korianderpulver hinzu und lasse alles 15 Minuten auf kleiner Flamme köcheln.

Während die Pilze köcheln, hacke die Petersilie ganz fein. Vergiss aber nicht, die Pilze hin und wieder umzurühren, damit sie nicht an der Pfanne festbacken. Sie sind fertig, wenn sie eine goldbraune Farbe haben. Schmecke sie noch mit Salz und Pfeffer ab und bestreue sie mit der gehackten Petersilie.

Gehe in den Wald und sammle eine große Schüssel Pfifferlinge. Wenn Du keine findest, nehme die Pilze, die da und essbar sind. Bevor Du zurück in Dein Haus gehst, nehme aus dem Garten noch Petersilie mit.

BOHNENPFANNE MIT PFIFFERLINGEN

ZUTATEN

4 kleine Schüsseln grüne Bohnen

2 Möhren

1 kleine Schüssel Schalotten

2 kleine Schüsseln Pfifferlinge

3 große Löffel Butter

1 kleiner Löffel Wacholderbeeren

Salz, Pfeffer

1 großer Löffel Apfeldicksaft

½ Krug Gemüsebrühe

½ große Schüssel Hirse

je 1 Prise Ingwer- und Korianderpulver

1 Bund Schnittlauch

4 kleine Löffel Crème fraîche

Für diese leckere Speise aus Bohnen und Pfifferlingen putze zuerst grüne Bohnen und schneide sie in nicht zu große Stücke. Dann nehme ein paar Möhren und säubere sie, bevor Du sie in feine Streifen schneidest. Schneide auch die Schalotten in dünne Scheiben. Putze die Pfifferlinge sorgfältig, halbiere dabei die großen Stücke.

Erhitze zwei Löffel der Butter in einer großen Pfanne und dünste darin die Schalotten, bis sie glasig sind. Dann gebe die Pilze dazu. Brate sie so lange an, bis sie eine appetitliche Farbe haben. Nun kannst Du die Wacholderbeeren, Salz und Pfeffer dazugeben. Nehme die Pilze aus der Pfanne und stelle sie zur Seite.

Gebe die restliche Butter in die Pfanne, um die Möhren anzubraten. Diese löscht Du mit ein wenig Apfeldicksaft und Gemüsebrühe ab, bevor Du Bohnen und Hirse hinzufügst und so lange kochst, bis sie gar sind. Wenn die Bohnen essfertig sind, gebe die Pfifferlinge dazu und erhitze sie kurz. Schmecke mit Ingwer, Koriander, Salz und Pfeffer ab. Schneide danach den gewaschenen Schnittlauch in feine Röllchen, die Du mit der Crème fraîche zu den Bohnen und Pilzen gibst.

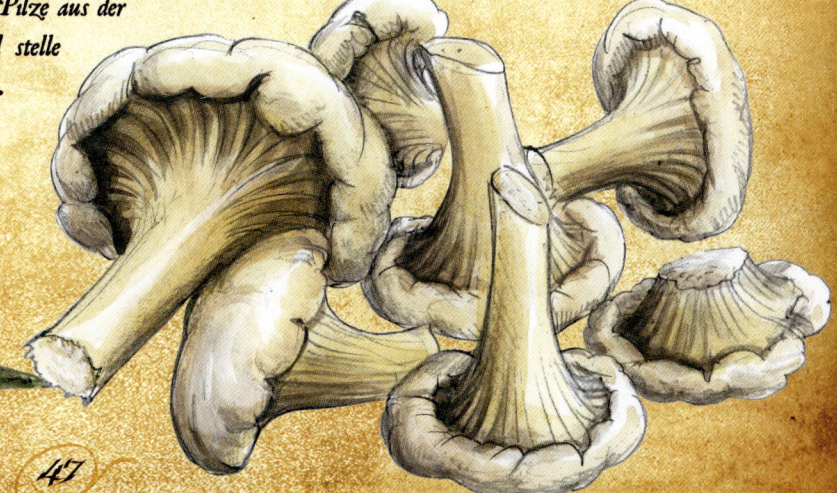

PILZ-KNÖDEL-PFANNE

Willst Du eine leckere Pilzpfanne mit Knödeln machen, nehme Knödel vom Vortag oder - weil selten genügend übrig sind - mache frische. Dazu nehme zuerst ein wenig Hefe und Zucker, die Du in lauwarmer Milch auflöst. Sobald die Mischung beginnt, Bläschen zu werfen, gebe sie mit geschmolzener Butter, Eiern und ein wenig Salz zum Mehl und verknete alles zu einem festen Teig, der nicht kleben soll. Sollte das nicht recht gelingen, gebe einfach ein wenig Mehl dazu. Lasse den Teig so lange an einem warmen Ort gehen, bis er doppelt so groß ist.

Ist der Teig ausreichend gegangen, knete ihn noch mal durch. Dann forme ihn zu einer Rolle, die Du in ein sauberes Tuch einschlägst. Ein dünnes Leinentuch eignet sich besonders gut. Hast Du das gemacht, verknote die Enden und stecke einen langen Kochlöffel oder dünnen Stock, der das Gewicht vom Knödel halten kann, durch die Knoten. Nehme einen großen Topf, fülle ihn zu einem Drittel mit Wasser, hänge den Knödel über das Wasser, schließe den Deckel und stelle den Topf auf das Feuer. Bringe das Wasser zum Kochen und gare den Knödel im heißen Dampf. Je nachdem, wie dick Du die Rolle gemacht hast, kann es mal kürzer, mal länger dauern.

Je nach Größe braucht der Knödel 15 bis 25 Minuten.

Ist der Knödel gar, wickle ihn aus dem Tuch, schneide ihn in Scheiben, die so dick wie Dein Daumen sind, und stelle diese zur Seite.

Während der Knödel gart, nehme die Schalotten und die Lauchzwiebeln, schäle bzw. putze diese und schneide sie in feine Streifen. Danach nehme die Pilze, putze sie sorgfältig und halbiere sie, sollten sie zu groß sein. Würfle den Speck. Stelle eine große Pfanne auf ein heißes Feuer und zerlasse das Butterschmalz darin. Ist es heiß genug, brate den Speck aus. Nehme ihn wieder aus der Pfanne und brate im ausgelassenen Fett die Knödel an, bis sie eine leicht goldbraune Kruste haben. Dann nehme auch diese aus der Pfanne und stelle sie zur Seite. Nun brate die Pilze an. Gebe kurze Zeit später die Schalotten und Lauchzwiebeln dazu. Wenn die Pilze eine schöne Farbe haben, lösche mit Gemüsebrühe ab und lasse alles kurz köcheln. In der Zwischenzeit schneide den gewaschenen Schnittlauch in feine Röllchen. Wenn die Pilze fertig gekocht sind, gebe die Crème fraîche, den Speck und die Knödel mit dem Schnittlauch zurück in die Pfanne. Schmecke mit Salz und Pfeffer ab.

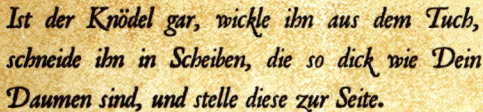

ZUTATEN

1 Würfel Hefe
1 kleiner Löffel Zucker
¼ Krug lauwarme Milch
3 große Löffel Butter
2 Eier
1 kleiner Löffel Salz
1 große Schüssel Weizenmehl
1 kleine Schüssel Schalotten
1 Bund Lauchzwiebeln
½ große Schüssel Champignons
½ große Schüssel Kräuterseitlinge
½ große Schüssel Pfifferlinge
1 kleine Schüssel Frühstücksspeck
1 großer Löffel Butterschmalz
1 ½ Becher Gemüsebrühe
1 Bund Schnittlauch
1 ½ kleine Schüsseln Crème fraîche
Salz, Pfeffer

TÖFTEN MIT SCHNITTLAUCHSAUCE

ZUTATEN

8 große Kartoffeln
Salzwasser
5 Becher saure Sahne
4 große Löffel Rapsöl
2 große Löffel Kräuteressig
1 Bund Schnittlauch
Salz, Pfeffer
4 hart gekochte Eier
(optional)

Zuerst musst Du die Kartoffeln schälen, und damit sie nicht so lange zu kochen brauchen, schneide sie in je vier Stücke. Am besten werden die Kartoffeln, wenn Du sie in kaltes Salzwasser legst und dann erst zum Kochen bringst. Sie sind fertig, wenn sie weich sind.

Als Faustregel bei diesem Rezept gilt: Pro Nase 2 große Kartoffeln, 1 Becher saure Sahne und 1 Extra-Becher für die Schüs... – sie isst zwar nicht mit (zum Glück), aber das ist etwa die Menge, die bei diesem Rezept einfach durch Probieren abhanden komm...

Wenn die Kartoffeln kochen, machst Du die Sauce. Dazu nimmst Du die saure Sahne und verrührst sie mit dem Öl und dem Essig. Dann kommt das Wichtigste: Der Schnittlauch. Ihn schneidest Du in feine Röllchen und gibst ihn ebenfalls unter die saure Sahne. Schmecke das Ganze schließlich mit Salz und Pfeffer ab. Jetzt dürften auch die Kartoffeln so langsam fertig sein. Die gießt Du nur noch ab und servierst sie mit der Sauce.

Ich koche mir immer noch ein Ei, das ich für mich unter die Sauce schneide. Aber leider mag das ja nicht jeder …

TÖFTENPUFFER

ZUTATEN

2 große Schüsseln Kartoffeln
1 Zwiebel
1 großes Ei
¼ kleine Schüssel Haferflocken
Salz
Öl zum Ausbacken

Schäle große Kartoffeln, die Du grob raspelst. Gebe sie mit einer fein geriebenen Zwiebel in eine Schüssel. Anschließend kommen ein großes Ei und die Haferflocken dazu. Verrühre alles gründlich.

Haferflocken binden Flüssigkeit. Je frischer die Kartoffeln, desto mehr Haferflocken braucht man, damit die Puffer schön knusprig werden.

Salze nach Belieben. Ist der Teig fertig, setze eine große Pfanne mit Öl auf das Feuer. Du kannst die Töftenpuffer ausbacken, sobald das Fett heiß ist. Hierfür gebe mit einem Löffel immer ein wenig Teig in die Pfanne und lasse ihn von beiden Seiten knusprig goldbraun werden. Ist die erste Ladung fertig, gebe wieder neues Öl und Teig in die Pfanne. Direkt aus der Pfanne schmecken sie am besten - mit Apfelkompott und Honig oder mit Lachs, herzhaftem Käse und saurer Sahne.

SÜDLÄNDISCHE ART

ZUTATEN

2 kleine Schüsseln Kirschtomaten

2 kleine Schüsseln Schafskäse

½ Bund Petersilie

Pfeffer

Zuerst bereite Töftenpuffer wie gerade oben beschrieben zu und ordne sie dann ziegelförmig auf einem Backblech an.

Heize den Ofen für mittlere Hitze gut vor. Wasche die Tomaten und viertele sie. Danach nehme den Schafskäse und zerbröckle ihn. Den gibst Du dann mit den geviertelten Tomaten über die Töftenpuffer. Wenn der Ofen genügend Temperatur hat, stelle die Töftenpuffer in die Hitze und warte, bis der Käse überbacken ist. Wasche in der Zwischenzeit die Petersilie und hacke sie fein.

Sind die Töftenpuffer fertig, bestreue sie mit frischem Pfeffer und der gehackten Petersilie.

TÖFTENBREI

Im Sommer mit Zitronenschale oder ein wenig Frischkäse.

ZUTATEN

2 große Schüsseln Kartoffeln
2 Becher Milch
2 große Löffel Butter
Salz, Pfeffer
geriebene Muskatnuss

Einen leckeren Töftenbrei machst Du so: Schneide die geschälten Kartoffeln in Stücke und koche sie ganz weich, damit sie sich gut zerstampfen lassen. Nehme zum Zerstampfen einen Töftenstampfer, eine Presse oder einen Mörser. Wenn Du die Kartoffeln zerstampft hast, erhitze die Milch und gebe sie mit der Butter zu den Kartof-

feln. Verrühre alles gut, bis Du einen Brei bekommst. Schmecke den Brei mit Salz, Pfeffer und Muskatnuss ab.

Gebe einen großen Löffel Kürbiskernöl dazu. Sehr nussig

Mal brauche ich mehr, mal weniger Milch. Das hängt immer von den Kartoffeln ab.

ZWERGISCHE ERBSEN

Aus einem Land, das von Bergbau und kunstvollem Handwerk geprägt ist, stammt dieses Rezept. Ein sehr sturer Koch – einer der stursten, die ich je kennenlernen durfte – hat es mir verraten. Es brauchte mehrere Abende bei guten Essen, an welchen ich mich mit meinen Kochkünsten als würdig erweisen musste, um seine Zunge zu lockern. Natürlich tat das gute Zwergenbier auch ein Übriges. Das Rezept hat er mir wie folgt beschrieben: Du brauchst zuerst frische Erbsen, die Du sorgfältig putzen und auspalen musst. Das kann einen kleinen Moment dauern. Danach schneide die Zwiebeln und den Speck in feine Würfel, die Du in einer großen Portion Schmalz anbrätst. Sind die Zwiebeln leicht braun, kannst Du die Erbsen zugeben. Gut umrühren.

Nehme die Kräuter, wasche und hacke sie fein. Gebe sie dann mit dem Honig zu den Erbsen. Gare die Erbsen so lange im geschlossen Topf, bis sie Dir weich genug sind, aber vergiss das Umrühren nicht. Schmecke sie am Ende mit Salz und Pfeffer ab.

ZUTATEN

1 ½ große Schüsseln frische, grüne Erbsen
3 Zwiebeln
½ große Schüssel durchwachsener Speck
6 kleine Löffel Schweineschmalz
1 Bund Petersilie
2 große Löffel gehackter Kerbel
1 kleiner Löffel Honig
Salz, Pfeffer

HASENPFEFFER

ZUTATEN

2 Scheiben Brot

¾ Becher guter Rotweinessig

½ Becher guter Rotwein

½ Krug Fleischbrühe

1 netter Hase

3 Zwiebeln

1 großer Löffel Schmalz

½ kleiner Löffel Paradieskörner

1 kleiner Löffel gemahlener Ingwer

½ kleiner Löffel Zimt

1 Messerspitze Nelken

¼ kleiner Löffel gemahlene Muskatnuss

¼ kleiner Löffel Pfeffer

Saft einer halben Zitrone

2 kleine Löffel Wasser

Salz

Möchtest Du den netten Hasen nicht verderben, so bereite ihn auf diese Art zu: Röste zuerst das Brot und weiche es in einer Mischung aus je ½ Becher Essig, Rotwein und Brühe ein. Zerteile den Hasen in mundgerechte Stücke und brate oder grille sie, bis sie Farbe bekommen haben.

Wildkaninchen schmeckt auch gut.

Danach hacke die Zwiebeln in feine Stücke, brate sie mit dem Schmalz in einem Schmortopf an und gebe den Hasen dazu. Lasse alles schön bräunen. Zerstampfe die Gewürze und vermische sie sorgfältig mit dem Zitronensaft, dem Wasser und dem restlichen Essig. Dann zerdrücke das Brot mit einer Gabel, gebe die restliche Brühe dazu und passiere die Mischung durch ein Sieb, bis ein Brei entsteht.

Stelle den Schmortopf wieder auf das Feuer, gebe die Gewürzmischung zum Hasen und dem eben passierten Brei, salze und lasse alles auf kleiner Flamme schmoren, bis das Fleisch zart ist. Sollte die Sauce zu dick werden, gebe noch ein wenig extra Brühe dazu.

Wildkaninchen ist schneller gar als Hase.

HÄHNCHEN MIT BROTFÜLLUNG

ZUTATEN

- 3 Scheiben Frühstücksspeck
- 6 Scheiben Brot ohne Kruste
- 3 Frühlingszwiebeln
- 2 große Löffel gehackte Walnüsse
- 2 kleine Löffel Rosinen
- ½ Bund Petersilie
- 1 Ei
- 3 große Löffel Milch
- Salz, Pfeffer
- 1 Hähnchen
- ½ kleine Schüssel Butter
- 1 großer Löffel Rapsöl
- 1 großer Löffel Sojasauce
- 1 Knoblauchzehe
- 1 Becher Wasser
- 1 großer Löffel Mehl
- 1 Becher Weißwein

Willst Du ein gefülltes Hähnchen machen, nehme zuerst den Speck, den Du würfelst und dann schön knusprig anbrätst. Gebe diesen in eine große Schüssel. Dann würfle das Brot und hacke die Frühlingszwiebeln, Nüsse, Rosinen und Petersilie. Nun kommt alles zum Speck in die Schüssel. Verquirle danach gründlich das Ei mit der Milch, würze es mit Salz und Pfeffer und mische es unter die Brotwürfel.

Hast Du das gemacht, säubere das Hähnchen und tupfe es trocken. Fülle es mit der Brotmischung und verschließe die Öffnung, so dass die Füllung im Hähnchen bleibt. Danach fixiere

Schenkel und Flügel am Körper, am besten geht das mit einem Stück Garn. Heize den Backofen für mittlere Hitze vor.

Bis der Ofen heiß genug ist, schmelze die Butter und vermische sie mit Öl und Sojasauce. Nehme dann einen Grillrost, den Du über eine Fettpfanne stellst. Darauf platzierst Du das Hähnchen, das Du mit der Buttermischung bestreichst. Den Rest der Buttermischung gibst Du in die Fettpfanne. Hacke den Knoblauch fein und gebe ihn mit dem Wasser dazu. Stelle alles in den heißen Ofen, bis das Hähnchen goldbraun und schön zart ist. Stelle das Hähnchen nun an einen warmen Ort und lasse es zugedeckt kurz ruhen.

Ich lasse es etwa 1¾ Stunden im Ofen.

So lange das Hähnchen ruht, bereite die Sauce zu. Dazu nimmst Du den Bratensaft aus der Fettpfanne, den Du in einen Topf gibst. Streue ein wenig Mehl dazu und rühre so lange, bis eine glatte Masse entstanden ist. Während Du den Weißwein unterrührst, erhitze die Sauce, bis sie kocht. Schmecke nach Bedarf mit Salz und Pfeffer ab.

LINSENPÜREE

Für dieses schmackhafte Linsenpüree gibst Du zuerst die Linsen in kaltes Wasser und bringst es zum Kochen. Hast Du das gemacht, gebe die Kräuter und ein wenig Salz dazu. Nehme ein wenig von dem Feuer weg und koche alles so lange, bis die Linsen weich sind.

Seihe die Linsen in einem großen Sieb ab und püriere sie. Dann erhitze das Püree vorsichtig wieder und gebe im Anschluss die geschlagenen Eier und den geriebenen Parmesan dazu.

Mit einem Sieb dauert das Pürieren manchmal etwas länger.
Ich nehme gerne einen großen Mörser, das geht mindestens genauso gut.

Ein großzügiger Schuss süßer Apfelessig passt sehr gut zu dieser Beilage.

ZUTATEN

1 große Schüssel Linsen
½ Bund Petersilie
½ Bund Salbei
3 Stängel Rosmarin
½ Bund Basilikum
Salz
4 Eier
6 große Löffel geriebener Parmesan

KNOBLAUCH-HÄHNCHEN

ZUTATEN

2 große Schüsseln Hähnchenbrustfilets
1 großer Löffel Paprikapulver
Salz, Pfeffer
4 große Löffel Olivenöl
8 Knoblauchzehen
4 große Löffel Weinbrand
½ Becher und 1 Stamperl Hühnerbrühe
1 Lorbeerblatt
2 große Löffel
frisch gehackte
Petersilie

Ein Gericht, das besonders an heißen Tagen schmeckt, ist das Knoblauch-Hähnchen. Hierzu brauchst Du zwei große Schüsseln Hähnchenfleisch, von dem Du zuerst die Sehnen und das Fett abtrennst. Schneide dann die Filets in kleinere Stücke. Die halbe Länge von Deinem Mittelfinger sollte ausreichen. Danach nimmst Du einen großen Löffel Paprikapulver, das Du mit Salz und frisch gemahlenem Pfeffer in einer großen Schüssel vermengst. Da hinein gibst Du nun die Hähnchenteile und bedeckst sie vollständig mit den Gewürzen.

Nun nehme Deine große Pfanne und stelle sie auf das Feuer. Gebe einen großen Löffel vom Olivenöl dazu und brate dann die ungeschälten Knoblauchzehen darin an. Wenn sie schön braun sind, nehme sie wieder aus der Pfanne und lege sie zum Abkühlen auf die Seite. Danach brate die Hähnchenteile an. Dazu gebe einen weiteren großen Löffel Öl und die Hälfte des Fleisches in die Pfanne. Haben die Stücke eine appetitliche braune Farbe, nehme sie heraus.

Das Fleisch muss noch nicht gar sein, da es später noch geschmort wird.

Gebe dann das restliche Öl in die Pfanne und brate die zweite Hälfte der Hähnchenteile, bis sie ebenfalls schön braun sind. Nehme sie dann aber nicht aus der Pfanne, sondern gebe die bereits angebratenen Teile mit ein wenig Weinbrand dazu und lasse alles kurz aufkochen. Reduziere Dein Feuer und gebe die Brühe und das Lorbeerblatt dazu. Lasse alles weiter köcheln.

Während die Hähnchenteile in der Brühe schmoren, hacke die Petersilie und schäle den Knoblauch, den Du vorher schon angebraten hast. Gebe beides in einen Mörser und stelle eine Paste her, die Du, wenn sie fertig ist, zum Hähnchen gibst. Lasse das Hähnchen nochmal die gleiche Zeit wie eben schmoren. Es ist fertig, wenn die Sauce ein wenig eingedickt ist und die Hähnchenteile durch sind.

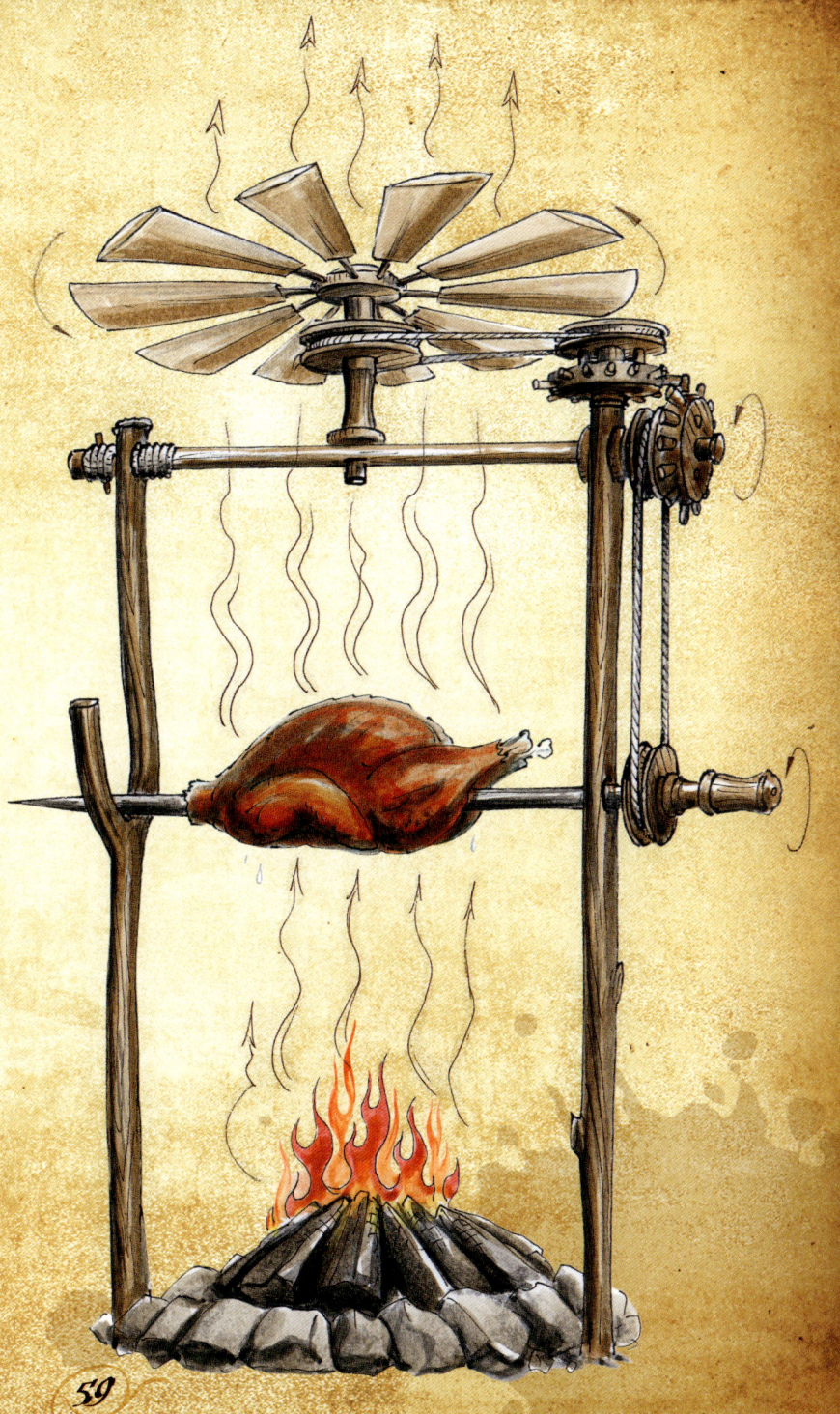

FISCH IM BROTTEIG

Rezept wie Sauerteigbrötchen

ZUTATEN

Brotteig für Sauerteigbrötchen
4 Forellen
1 Bund gemischte Gartenkräuter
  (Petersilie, Schnittlauch, Dill,
  Zitronenmelisse et cetera)
Salz, Pfeffer
4 kleine Löffel Olivenöl
1 kleiner Löffel Rosenwasser
Saft von 1 Limette

Mache zuerst einen Brotteig, wie ich ihn im Rezept für Sauerteigbrötchen beschrieben habe.

Bereite den Ofen für mittlere Hitze vor. Putze dann die Forellen gründlich und hacke die gesäuberten Kräuter ganz fein. Gebe diese mit ein wenig Salz und Pfeffer in den Bauch der Forellen. Bestreiche die Fische mit ein wenig Öl und schlage sie einzeln im Brotteig ein. Forme den Teig nach Art eines Bootes mit kleinen Hörnern an Kopf- und Schwanzende. Dann mache je ein kleines Loch in die Hörner oder eines in die Mitte.

Wenn Teig übrig bleibt, mache ich daraus noch ein paar Brötchen.

Lege die Forellen auf ein Backblech, auf das Du zuvor Papier gelegt hat, und backe sie im heißen Ofen, bis sie gar sind. Gebe Rosenwasser und Limettensaft durch die Löcher und serviere die Fische heiß.

Beeindrucke Deine Gäste mit Mustern auf dem Teig und gestalte ihn nach Deiner Vorstellung.

KRÄUTERFORELLE AM STOCK

ZUTATEN

4 Forellen

1 unbehandelte Zitrone

2 Bund gemischte Kräuter
(Petersilie, Salbei, Thymian)

4 Knoblauchzehen

½ kleine Schüssel weiche Butter

Salz, Pfeffer

4 lange Stöcke und Bindfaden

Wenn Du genügend Forellen gefangen, diese ausgenommen und im fließenden Wasser gesäubert hast, reibe die Innenseiten mit ein wenig Zitronensaft ein. Werfe die Zitronenschale nicht weg, da Du sie später brauchen wirst.

Dann gehe in den Garten und sammle wohlschmeckende Kräuter, wie Petersilie, Salbei und Thymian. Hacke die Kräuter ganz fein und vermische sie mit zerkleinertem Knoblauch, weicher Butter, Salz und Pfeffer. Streiche die Paste gleichmäßig in die Bäuche der Fische. Danach suche passende Stöcke, um die Fische zu grillen. Sie sollten etwa fingerdick und angespitzt sein, damit Du den Fisch Kopf voran gut auf den Stock spießen kannst. Du kannst die Fische zur Sicherheit mit ein wenig Bindfaden fixieren.

Halte die Stöcke mit den Fischen so über das offene Feuer, dass die Flammen die Fische nicht berühren. Ihre Bäuche sollten nach oben zeigen, damit die Füllung nicht verloren geht. Sie sind gar, wenn sie herrlich zu duften beginnen und die Haut schön golden ist.

Mein Onkel hat mir verboten, offenes Feuer zu machen, daher hat er mir silberglänzende Folie der Zwerge gegeben. Die bestreiche ich mit Butter und wickele immer einen Fisch in ein Folienstück ein. Dann schiebe ich alles in den Backofen, bis es gar ist. Dauert auch nicht länger als über dem Feuer.

DEFTIGE PAPRIKAWÜRSTE MIT APFELWEIN

Als kleinen Imbiss für zwischendurch mag ich diese Form der Wurst besonders gerne – zumal sie auch schnell zubereitet ist. Du beginnst mit einer kleinen Zwiebel, die Du erst fein hackst und dann in Öl dünstest, bis sie glasig ist. Gebe Paprikapulver dazu und dünste es kurz mit. Wenn Du das gemacht hast, lösche mit Apfelwein oder Cidre – was Du gerade zur Hand hast – ab und gebe noch ein Lorbeerblatt für den Geschmack hinein. Dann muss alles kurz aufkochen.

Verkleinere Dein Feuer nun ein wenig – die Sauce soll zwar einkochen, aber nur ein bisschen. Entferne die Pelle von der Wurst, bevor Du sie in Scheiben schneidest und in die Sauce gibst. Mache dann den Deckel auf den Topf und lasse alles weiter köcheln, bis Du die Petersilie gewaschen und gehackt hast. Die gibst Du zum Schluss gemeinsam mit dem Essig zur fertigen Wurst. Schmeckt am besten heiß mit frischem Fladenbrot.

Dazu den restlichen Apfelwein!

ZUTATEN

- 1 kleine Zwiebel
- 1 großer Löffel Olivenöl
- 2 kleine Löffel Paprika
- ½ Becher und 1 Stamperl Apfelwein oder trockener Cidre
- 1 Lorbeerblatt
- 3 kleine Schüsseln deftige Paprikawurst
- 2 kleine Löffel Petersilie
- 2 kleine Löffel Rotweinessig

KNOBLAUCHSAUCE

ZUTATEN

- 20 Knoblauchzehen
- ½ kleine Schüssel trockenes Brot
- ¼ Krug Fleischbrühe
- ¼ kleiner Löffel gemahlener Ingwer
- ¼ kleiner Löffel Zimt
- 1 Messerspitze Nelken
- Salz

Willst Du eine Sauce machen, die zu jedem Fleisch passt, nehme 18 von den 20 Knoblauchzehen und gare sie in der Glut oder im Ofen bei mittlerer Hitze.

10 Minuten in der Glut reichen meistens aus.

So lange Du wartest, dass sie gar werden, warne Deine Nachbarn vor dem intensiven Geruch. Dann nehme das trockene Brot und weiche es in der Brühe ein.

Ist der Knoblauch gar, schäle und zerstampfe ihn. Mache das Gleiche mit den rohen Zehen, die noch übrig sind. Gebe nun das Brot und die Brühe mit den Gewürzen zum Knoblauch und zerstampfe alles, bis Du eine sämige Konsistenz erreicht hast. Salze die Sauce nach Belieben und bringe sie kurz zum Kochen. Sie schmeckt am besten heiß zu Fleisch und Fisch.

KNOBLAUCH-SALBEI-SAUCE

ZUTATEN

½ kleine Schüssel durchwachsener Speck

1 Becher und 1 Stamperl fruchtiger Rotwein

3 Knoblauchzehen

5 Salbeiblätter

½ große Schüssel blaue Weintrauben

Salz

Zucker

Für diese fruchtige Sauce, die gut zu Wildschwein, Hirsch und Hase passt, brauchst Du durchwachsenen Speck, den Du fein würfelst und in einer schweren Pfanne anbrätst. Ist der Speck schön knusprig, gebe den Wein dazu.

Schiebe das Feuer zusammen, damit Du ein heißes Glutbett bekommst.

Fülle die Speck-Wein-Mischung in einen Kugeltopf und stelle ihn erst mal zur Seite. Dann gehe in den Garten und hole Knoblauch und Salbei. Beides hackst Du fein und gibst es mit den gewaschenen, halbierten Trauben zum Wein.

Wenn Du das gemacht hast, stelle den Kugeltopf in das Glutbett und lasse alles einmal aufkochen. Dann nehme etwas Glut zur Seite und lasse die Sauce ein wenig köcheln, bis sie gut ist. Für den Geschmack gebe noch Salz und Zucker hinzu. Streiche zum Schluss die Sauce durch ein Sieb.

Ich bereite die Sauce schon morgens vor und lasse sie im Topf am Feuer stehen. So bleibt sie schön warm und kann noch durchziehen.

Die Trauben zu halbieren ist mir zu anstrengend, daher gebe ich sie gleich ganz rein. Allerdings dauert es so länger, bis die Sauce fertig ist. Und: Ich nehme vorzugsweise kernlose Trauben. Warum? Schon mal die Sauce durch ein Sieb gestrichen?

SAUCE AUS WEIN UND HONIG

ZUTATEN

- ¼ Krug Rotwein
- 8 große Löffel Honig
- 1 kleiner Löffel frischer Ingwer
- 2 Knoblauchzehen
- 1 kleiner Löffel schwarze Pfefferkörner
- ½ Brötchen

Eine Sauce, die gut zu Wild, Schwein, Lamm oder Fleischpasteten passt. Dazu erhitze Rotwein mit Honig.

Passt auch gut zu dicken Bohnen.

Dann hacke Ingwer und Knoblauch sehr fein und zerstoße die Pfefferkörner. Würfle das Brötchen und gebe es mit den Gewürzen zur Wein-Honigmischung. Lasse die Sauce ein wenig einkochen und passiere sie zum Schluss durch ein feines Sieb.

ÜBER HEILKRÄUTER

Viele Kräuter, egal ob Garten-, Wiesen- oder Waldkräuter, sind sowohl für die Küche als auch für die Gesundheit nützlich. Nach altem Glauben entfalten sie ihre größte Wirkung, wenn sie im ersten Mondviertel gesät oder gepflanzt und nachts gesammelt werden. Zur Ernte sind die Vollmondzeit oder die Nächte kurz danach besonders geeignet.

> Ist klar, dann, wenn ich schlafe und draußen eh nichts sehen kann.
> Meinen Kräutern ist es egal, zu welcher Tageszeit ich sie schneide.
> Hauptsache es ist trocken.

Damit Du die Kräuter lange und gut nutzen kannst, hänge sie zum Trocknen in Büscheln auf oder breite sie locker auf Papier aus. Achte darauf, dass sie nicht direkt von der Sonne beschienen werden, da sie sonst an Wirkung verlieren. Stattdessen sollte der Ort schattig, warm und gut gelüftet sein. Wenn die Blätter bei Berührung rascheln, sind die Kräuter fertig getrocknet.

Aus den getrockneten Kräutern kannst Du dann ganz nach Bedarf Aufgüsse, Kompressen, Salben und Breiumschläge machen. An dieser Stelle möchte ich mich den Aufgüssen zum Trinken widmen. Für diese nimmst Du am besten getrocknete Kräuter, die Du in verschließbaren Dosen aus Metall, Glas oder Porzellan gut lagern kannst. Für jede Tasse, die Du brühen möchtest, nehme einen kleinen Löffel der getrockneten Kräuter und übergieße sie mit kochendem Wasser. Lasse den Aufguss bedeckt für fünf bis zehn Minuten ziehen, bevor Du ihn in kleinen Schlucken trinkst. Honig ist ideal zum Süßen, da er heilende Wirkung hat.

Bei Hustenreiz und Halsschmerzen können Anis, Thymian, Salbei oder Schafgarbe hilfreich sein, um die Beschwerden zu lindern. Werden die Beschwerden aber nicht besser, ist es ratsam, den nächsten Heiler zu besuchen.

Anis kennst Du sicherlich vor allen Dingen als Pfefferkuchengewürz, das nicht nur Kuchen und Gebäck einen aromatischen Geschmack verleiht, sondern auch Pflaumenmus, Grog und Punsch eine besondere Note gibt. Rotkohl,

Schafgarbe

Mit Thymian verhält es sich so, dass er zum einen dank seiner Würze ein unverzichtbares Gewürz in jeder Küche ist, zum anderen sich dank seiner wohltuenden Öle positiv auf die Gesundheit auswirkt. Besonders bei der Linderung von Husten ist er sehr erfolgreich. Thymian liebt die Sonne. Wenn Du ihm diese gewährst, belohnt er Dich mit einer Vielzahl an stark verästelten und leicht verholzten Zweigen, von denen Du von Mai bis November die frischen Blätter abstreifen kannst. Für einen heilsamen Aufguss kannst Du sowohl frische als auch getrocknete Blätter nehmen. Ein kleiner Löffel pro Tasse sollte genügen.

Anis

Thymian

Möhren, Kürbis und Obstsuppe profitieren ebenfalls von diesem Gewürz. Für einen heilsamen Trunk aus Anis benötigst Du einen kleinen Löffel der getrockneten Samen, die Du mit kochendem Wasser übergießt. Bei Verdauungsbeschwerden mische Anis mit Fenchel und Kümmel. Die Anispflanze erkennst Du am besten an ihren drei verschiedenen Blattformen: unten rundlich und gestielt, in der Mitte dreilappig und oben ganz schmal und tief eingeschnitten.

So wie Thymian bevorzugt auch Salbei sonnige Orte in Deinem Garten. Du erkennst Salbei an seinen länglichen, graugrünen, samtig behaarten Blättern, die sehr intensiv duften. In ein wenig Butter angedünstet ist er ein absoluter Genuss zu kleinen Töftenklößchen ... Als Heilpflanze kannst Du ihn sowohl frisch als auch getrocknet verwenden – als Aufguss oder als Lösung zum Gurgeln. Sehr lecker ist er mit Honig. Aber Vorsicht: Trinke davon nicht mehr als drei Tassen am Tag, weil zu viel Salbei auch einen Halblingsmagen reizen kann.

Schafgarbe findest Du, wenn nicht im Garten, dann auf trockenen Wiesen. Sie blüht dort von Sommer bis Herbst, und Du erkennst sie an ihren weißen bis rötlichen Dolden. Sehr charakteristisch sind ihre filigranen und fein zerteilten Blätter. Für einen Tee nimmst Du am besten die getrockneten Sprossteile und Blüten. Zwei kleine Löffel pro Tasse sollten genügen.

Minze

Kamille

Nicht nur bei Husten und Halsschmerzen kannst Du Dir die heilende Kraft von Kräutern zu Nutze machen. Gerade bei Magen- und Verdauungsproblemen helfen Dir Kamille, Minze und Zitronenmelisse weiter.

Den ganzen Sommer über kannst Du Kamille finden - häufig am Feldrand. Auch sie liebt die pralle Sonne. Du erkennst sie leicht, nicht nur an ihrem intensiven Duft, sondern auch an ihren weißen Randblüten, die um das gelbe Zentrum angeordnet sind. Das Blütenköpfchen ist am Boden hohl. Meine Oma erzählte mir, dass die beste Zeit zum Sammeln der dritte bis fünfte Tag nach dem Aufblühen sei, dann wirke die Pflanze am besten. Nehme pro Tasse einen großen Löffel Blüten, den Du mit kochendem Wasser übergießt.

Die Minze ist eine hochwachsende Pflanze, die mit ihren länglichen und gezähnten Blättern an die Brennnessel erinnert. Beide schmecken übrigens sehr gut im Salat. Die schönste Minze findest Du im lichten Schatten und auf feuchten Böden. Du kannst für einen Tee die frischen wie die getrockneten Blätter nehmen. Drei Stängel pro Tasse reichen. Auch als Dampfbad für eine verstopfte Nase ist Minze sehr gut geeignet.

Nur die ganz jungen Blätter der Brennnessel nehmen. Es sei denn, man hat garstige Gäste. Oder verwende sie wie Spinat.
Die Brennnessel, nicht die Gäste ...
Minze soll angeblich gut als Sauce zu Lamm passen - das arme Lamm!

Schließlich möchte ich noch kurz auf die Zitronenmelisse eingehen. Oft wird sie im Salat verwendet oder zu Fisch und Suppen. Mit ihrem frischen Aroma schmeckt sie auch als Tee sehr gut, besonders an heißen Tagen. Sie ist jedoch mehr als nur ein Durstlöscher. Ihre Gerb- und Bitterstoffe helfen bei Magenbeschwerden oder auch wenn Du nicht schlafen kannst. Du erkennst die Pflanze an ihrem intensiven Duft nach Zitrone und den vierkantigen Stängeln, die dicht beblättert sind.

Zitronenmelisse

WENN DER SÜSSE ZAHN SICH MELDET

Als die Welt erschaffen wurde, gerieten die Völker so unterschiedlich, dass sie sich nicht immer verstanden. Aber auf meinen Reisen habe ich eine Leidenschaft entdeckt, die uns alle verbindet: Ein jedes Volk eint die Freude über ein schönes Dessert oder Kuchen, die süß die Seele streicheln. Für gewöhnlich werden die süßen Gaumenfreuden als Vollendung eines Menüs oder zum Tee gereicht. Doch wie der Bauch hält auch der süße Zahn sich nicht immer an dieses starre Zeitgerüst. Es soll Halblinge, Menschen, Zwerge, Gnome und sogar Elfen geben, bei denen er sich schon gar nicht mehr meldet, sondern manchmal einfach nur nicht mehr ganz so

penetrant um Aufmerksamkeit bettelt. Willst Du Deine Gäste nicht enttäuschen, sei vorbereitet! Denn ein kunstvoller Nachtisch macht aus einem hervorragenden Essen eine Offenbarung, aus einem grummligen Knäulkopp einen Stammgast, und der Bruder meines Urgroßvaters hat sich seine Freiheit von den Orks mit einem großen Pudding aus sage und schreibe 50 verschiedenen Zutaten erkocht. Leider haben die Orks den Pudding mitsamt dem Rezept aufgegessen, und mein Urgroßonkel hat vor lauter Pfeifenkraut vergessen, das Rezept aufzuschreiben. Damit mir nicht das Gleiche passiert, habe ich hier meine Lieblingsdesserts und -kuchen verewigt.

JOHANNISBEERSTREUSEL AUS DEM TOPF

ZUTATEN

1 große Schüssel gemischte Johannisbeeren

2 große Löffel Vanillezucker

2 große Löffel Erdbeerkonfitüre

3 kleine Schüsseln Mehl

1 gehäufte kleine Schüssel Zucker

2 ½ kleine Schüsseln Butter

1 Eigelb

Butter oder Rapsöl zum Einfetten

Dieser Nachtisch schmeckt am besten frisch und noch lauwarm aus dem Ofen mit ein wenig Eis - Vanille oder Schokolade oder beides. Dazu gehe zuerst in den Garten und sammle eine große Schüssel Johannisbeeren - schwarze, rote und/oder weiße. Danach wasche sie und entferne die grünen Stängel. Wenn Du das gemacht hast, vermische die Johannisbeeren mit Vanillezucker und Konfitüre, damit sie ordentlich durchziehen können.

Mache aus dem Mehl, dem Zucker, der Butter und dem Eigelb einen leckeren Streuselteig. Fette eine feuerfeste Form mit ausreichend Butter oder Öl ein. Dann drücke etwa zwei Drittel des Streuselteigs am Boden der Form fest. Gebe danach die Johannisbeeren darüber und bedecke sie mit den restlichen Streuseln. Backe den Streuselteig bei mittlerer Hitze im Ofen, bis die Streusel eine appetitliche Farbe haben..

Lässt sich eigentlich mit jedem Obst machen.

ERDBEER-RHABARBER-KOMPOTT

Für dieses fruchtige Kompott benötigst Du zuerst Rhabarber und Erdbeeren aus dem Garten. Putze sie sorgfältig und schneide sie in mundgerechte Stücke. Dann nehme den Wein und erhitze ihn mit den Gewürzen. Gebe danach die Rhabarberstücke dazu und lasse sie im Sud kochen. Passe aber auf, dass die Stücke nicht zerfallen. Ist der Rhabarber weich genug, lasse ihn abtropfen und hebe die Flüssigkeit auf.

Vermische anschließend die Stärke mit dem Portwein und gebe die Mischung in den Sud, den Du gerade aufgefangen hast. Bringe ihn wieder zum Kochen, bis die Flüssigkeit andickt. Nehme die Zimtstange und die Nelke heraus und gebe zum Schluss die Früchte wieder hinein. Schmeckt warm und kalt.

ZUTATEN

- 1 große Schüssel Rhabarber
- ½ große Schüssel Erdbeeren
- 1 ½ Becher halbtrockener Rotwein
- 1 kleine Schüssel Zucker
- 1 kleiner Löffel geriebener Ingwer
- 1 Zimtstange
- 1 Gewürznelke
- 1 kleiner Löffel Speisestärke
- 1 Stamperl Portwein

ROTWEINZWETSCHGEN

ZUTATEN

- 2 große Schüsseln vollreife Zwetschgen
- 1 unbehandelte Orange
- ½ Krug kräftiger Rotwein
- ¾ kleine Schüssel Zucker
- 1 Zimtstange
- 2 Gewürznelken
- 1 Prise Kardamom
- 2 Stamperl Weinbrand

Zuerst brauchst Du zwei große Schüsseln vollreifer Zwetschgen, die Du putzt, halbierst und entkernst. Dann nehme eine pralle Orange, die Du mit heißem Wasser abspülst. Schneide die Schale in einer großen Spirale ab und esse die restliche Orange auf - abgesehen von dem weißen Teil der Schale. Der schmeckt bitter.

Ich liebe Orangen, aber man bekommt sie nur so selten! Versuche dann Dein Glück mit saftigen Melonen.

Wenn Du das gemacht hast, koche den Rotwein mit dem Zucker, den Gewürzen und der Orangenschale auf. Beginnt der Wein zu kochen, gebe die Zwetschgen dazu und nehme den Topf vom direkten Feuer und stelle ihn auf die Glut, damit die Früchte in kurzer Zeit gar ziehen können. Wichtig ist, dass die Zwetschgen Farbe, Form und Aroma behalten. Nehme die Früchte aus dem Sud und lasse die Flüssigkeit wieder stark aufkochen, bis nur noch die Hälfte davon übrig ist.

Nehme den Topf vom Feuer und hole die Gewürze - bis auf den Kardamom - und die Orangenschale aus dem Sud heraus. Zum Schluss gebe den Weinbrand zur Flüssigkeit und übergieße damit die Zwetschgen. Warte mit dem Servieren, bis die Früchte ein wenig abgekühlt sind.

AUSGEBACKENE KIRSCHEN

Willst Du ausgebackene Kirschen machen, dann nehme zunächst 24 schöne Kirschen, die einen Stiel haben, und wasche sie. Stelle sie zur Seite, bis Du sie brauchst.

Nehme die Eier und trenne sie sorgfältig. Mache dann einen glatten Teig aus Eigelb, Mehl, Salz, Zucker, Milch und Weißwein. Lasse den Teig eine Weile ruhen. Danach schlage das Eiweiß steif und hebe es unter den Teig.

Anschließend erhitze das Fett in einem großen Topf, bis es heiß genug ist.

Zur Probe halte einen Holzlöffel in das Fett. Bilden sich viele Bläschen, ist das Fett heiß genug.

Dann nehme immer drei Kirschen am Stiel, ziehe sie durch den Teig und backe sie im heißen Fett goldgelb aus. Wenn sie fertig sind, hole sie mit einem Schaumlöffel wieder raus und bestäube sie mit Puderzucker.

Statt Kirschen nehme ich auch gerne Äpfel. Dazu schneide ich die Äpfel in Scheiben und entferne das Kerngehäuse.

Äpfel lassen sich auch in der Pfanne anbraten.

ZUTATEN

24 Kirschen mit Stiel

2 Eier

1 ⅕ kleine Schüsseln Mehl

1 Prise Salz

½ kleine Schüssel Zucker

½ Becher Milch

2 Stamperl trockener Weißwein

Fett zum Ausbacken

Puderzucker

TEEBRÖTCHEN

ZUTATEN

4 ½ kleine Schüssel Mehl

5 kleine Löffel Backpulver

1 Prise Salz

1 großzügige kleine Schüssel Butter

2 große Löffel Zucker

1 Becher und 1 ½ Stamperl Milch

1 Eigelb

2 große Löffel Milch

Schon seit Generationen gehören in unserer Familie Teebrötchen zum Nachmittagstee. Sei es, weil sie einfach gut schmecken - lauwarm aus dem Ofen sind sie am allerbesten -, sei es, weil sie schnell und einfach gemacht sind. Nehme dazu Mehl, das Du mit Backpulver, Salz und Butter zu Streuseln verarbeitest. Rühre danach mit einem Löffel Zucker und Milch unter. Dann knete den Teig so kurz wie möglich und so lange wie nötig, damit Du ihn am Ende etwa daumendick ausrollen kannst. Hieraus stichst Du dann Kreise aus, sie sollten etwa 5 cm Durchmesser haben. Lege sie danach auf ein Backblech, das Du vorher mit Papier belegt hast, damit die Teebrötchen nicht an dem Blech anbacken. Hast Du das gemacht, verrühre das Eigelb mit der Milch und bestreiche die Brötchen damit, bevor Du sie im Ofen bei mittlerer Hitze backst, bis sie eine goldbraune Farbe haben.

Warum so kompliziert? Ich tauche die Teebrötchen einfach in die Ei-Milch-Mischung ein - geht schneller und wird gleichmäßiger.

Und vergiss nicht die Schale mit Wasser für den Ofen. Serviere die noch lauwarmen Brötchen mit Butter, Sahne und Marmelade.

FRÜCHTEBROT ZUM TEE

ZUTATEN

1 ¾ Becher heißer Schwarztee,
    am besten der vom Grauen Grafen

3 kleine Schüsseln getrocknete Früchte

1 großes Ei

1 kleine Schüssel brauner Zucker

abgeriebene Schale von einer Zitrone

3 ½ kleine Schüsseln Mehl

2 kleine Löffel Backpulver

1 kleiner Löffel gemischte Gewürze
    (Zimt, Muskat, Kardamom, Nelke)

Um einen saftigen Früchtekuchen zu backen, koche am Vorabend einen leckeren Tee und lege darin die getrockneten Früchte aus dem letzten Herbst ein, die Du vorher in kleine Würfel schneidest.

Am nächsten Tag heize den Ofen gut vor und fette eine Kastenform ein. Dann trenne die Früchte und den Tee wieder voneinander und hebe beides auf. Wenn Du das gemacht hast, mische die Früchte, das Ei, den Zucker, die Zitronenschale, das Mehl, das Backpulver und die Gewürze zu einem glatten Teig, so dass er schwer vom Löffel fällt. Sollte der Teig zu trocken sein, gebe noch ein wenig Tee dazu.

Fülle den Teig in die Form und backe den Früchtekuchen bei mittlerer Hitze, bis er gut aufgegangen ist und das Stäbchen bei der Probe trocken bleibt. Lasse ihn abkühlen und reiche ihn in Scheiben geschnitten und mit Butter zum Tee.

Richtig gut schmeckt der Kuchen, wenn er zwei bis drei Tage stehen konnte. Dann ist er besonders saftig.

NACHMITTAGSKEKSE

ZUTATEN

½ große Schüssel Mehl

1 gehäufter kleiner Löffel Backpulver

1 Prise Salz

3 gehäufte große Löffel Butter

½ Becher Sahne

3 große Löffel Butter zum Einfetten

Für schnelle knusprige Kekse zum Nachmittagstee vermische das Mehl mit dem Backpulver und dem Salz. Knete die Butter unter, bis Du feine Krümel erhältst. Dann füge die Sahne hinzu und walke alles, bis Du einen festen Teig bekommst. Rolle den Teig ganz dünn aus und steche mit Formen Kekse aus.

Teigausrollen finde ich unpraktisch,
wenn ich unterwegs bin.
Deswegen mache ich aus dem Teig eine Rolle,
die ich in Scheiben schneide
und dann in der Hand flachklopfe.
Das geht auch sehr gut.

Fette nun eine Grillplatte oder Pfanne mit genügend Butter und backe die Kekse auf beiden Seiten goldbraun. Sie schmecken am besten heiß mit Butter, Sahne und eingekochtem Obst.

KÜRBISPASTETE

ZUTATEN

- 1 kleine Schüssel und
  2 kleine Löffel Dinkelmehl
- 2 ½ kleine Schüsseln Weizenmehl
- 2 ½ kleine Schüsseln brauner Zucker
- 1 ½ kleine Schüsseln Butter
- 3 Eier
- ¾ Becher und 1 Stamperl Milch
- Margarine zum Einfetten
- 1 große Schüssel Kürbis
- ½ Becher Sahne
- 1 ½ kleine Schüsseln und
  2 große Löffel weißer Zucker
- ½ kleiner Löffel Salz
- ½ kleiner Löffel Ingwerpulver
- 1 kleiner Löffel Zimt
- 1 Prise gemahlene Nelken
- 1 ½ kleine Schüsseln Walnüsse

Eine süße und gehaltvolle Pastete, mit der Du auch den hungrigsten Gast satt bekommst, machst Du auf folgende Weise. Zuerst verknete das Mehl, die Hälfte des braunen Zuckers und die Butter, von der Du vorher zwei große Löffel abgenommen und zur Seite gestellt hast, mit einem Ei und einem Stamperl Milch zu einem geschmeidigen Teig. Kleide mit diesem eine gefettete Pastetenform aus und backe den Teig bei mittlerer Hitze vor. Bildet sich eine dünne Kruste und wirft er leichte Blasen, kannst Du ihn aus dem Ofen nehmen.

Wird wirklich sehr süß.

Für die Füllung schneide den Kürbis in kleine Würfel - je kleiner desto besser. Dann verrühre die restliche Milch mit den restlichen Eiern und gebe noch Sahne, weißen

Zucker sowie Gewürze dazu. Vermische die Eiermilch gründlich mit dem gewürfelten Kürbis und fülle die Masse in den vor- gebackenen Teig. Gebe die Pastete wieder bei gleicher Hitze in den Ofen und backe sie etwas länger, als Du sie ohne Füllung gebacken hast.

So lange die Pastete im Ofen ist, backe die Nüsse und vermische sie mit dem übrigen braunen Zucker. Gebe dann die Mischung gemeinsam mit der restlichen Butter, die Du geschmolzen hast, über die Pastete und backe sie noch mal die gleiche Zeit bei glei- cher Hitze.

Achtung!
Die Pastete muss vor dem
Anschneiden komplett abgekühlt sein,
sonst zerfließt die Füllung!

NUSSPUDDING

ZUTATEN

- 1 ½ kleine Schüsseln Hasel- oder Walnüsse
- 1 helles, altbackenes Brötchen
- ½ Krug Milch
- ¾ kleine Schüssel Zucker
- ½ kleine Schüssel Reismehl
- 1 Prise Safran
- 3 Eigelbe
- 2 gehäufte kleine Löffel Butter

Um einen Nusspudding zu machen, sammle zuerst im Wald ein paar Nüsse. Das können Wal- oder auch Haselnüsse sein. Knacke die Schale und lege die Kerne in kleine Schüsseln, bis Du eineinhalb davon hast. Erhitze eine Pfanne ohne Fett, in der Du die Nusskerne röstest. Stelle danach die Pfanne zur Seite und lasse die Nüsse abkühlen.

Nehme ein trockenes Brötchen, das Du gut mit Milch einweichst. Sind die Nusskerne kühl, zerstoße sie in einem Mörser ganz fein. Hast Du das gemacht, drücke das Brötchen aus, zerkleinere es und gebe es zu den Nüssen, so dass eine gleichmäßige Masse entsteht. Wenn Du das Brötchen ausdrückst, behalte die Milch zurück, da Du sie später noch benötigst.

Gebe die Milch, die Du noch übrig hast, gemeinsam mit Zucker, Reismehl und der Nussmischung in einen Topf und lasse alles einmal aufkochen.

Rühren nicht vergessen!

Nehme den Topf danach vom Feuer und gebe Safran, Eigelbe und Butter dazu. Stelle den Topf wieder auf das Feuer und lasse alles ein letztes Mal aufkochen. Zum Abkühlen den Pudding in die Schüssel geben, in der er auch serviert werden soll.

BRATÄPFEL MIT MARZIPAN-NUSS-HONIGFÜLLUNG

ZUTATEN

4 getrocknete Aprikosen
⅓ kleine Schüssel Marzipanrohmasse
⅓ kleine Schüssel gehackte Haselnüsse
1 großer Löffel Aprikosengeist
1 kleiner Löffel Honig
4 große aromatische Äpfel
½ kleine Schüssel Butter
⅛ Krug Weißwein

Nehme getrocknete Aprikosen und schneide sie in kleine Stücke. Vermische diese mit Marzipan, Nüssen, Aprikosengeist und Honig und mache daraus eine gleichmäßige Masse.

Dann schneide die Deckel von den Äpfeln ab. Nehme ein scharfes Messer und entferne die Kerngehäuse. Die Füllung gibst Du nun in die Äpfel. Mit der Hälfte der Butter fettest Du eine ofenfeste Form ein und setzt die gefüllten Äpfel in die Form. Wenn noch ein wenig von der Füllung übrig ist, verteile sie um die Äpfel. Schneide die restliche Butter in Flöckchen und setze sie auf die Äpfel. Stelle die Form mit den Äpfeln bei mittlerer Hitze in den Ofen und gebe nach kurzer Zeit den Wein dazu. Die Äpfel sind fertig, wenn die Füllung eine goldgelbe Farbe hat und die Äpfel herrlich duften.

ZWETSCHGENKNÖDEL

ZUTATEN

8 große Zwetschgen

8 geschälte Mandeln

½ große Schüssel Quark

1 Prise Salz

1 Messerspitze Vanillemark

2 Eigelbe

5 gehäufte große Löffel Zwiebackbrösel

3 gehäufte große Löffel Mehl

BUTTERBRÖSEL

3 gehäufte große Löffel Butter

6 gehäufte große Löffel Paniermehl

½ kleiner Löffel Zimt

2 große Löffel Zucker

WEINSCHAUMSAUCE

1 kleine Schüssel Zucker

2 Eigelbe

1 Ei

1 Becher trockener Weißwein

Du kannst die Knödel sowohl als süßes Mittagessen als auch als warmen Nachtisch reichen. In beiden Fällen benötigst Du pro Knödel je eine Zwetschge und eine geschälte Mandel. Wasche die Zwetschgen gründlich und ersetze den Kern der Zwetschgen durch die geschälte Mandel. Dann nehme den Quark und verrühre ihn gründlich mit Salz, Vanillemark und den Eigelben. Arbeite nach und nach die Zwiebackbrösel und das Mehl unter.

Wenn Du das gemacht hast, teile den Teig in so viele Teile wie Du Zwetschgen vorbereitet hast und umhülle diese mit dem Teig. Bringe ausreichend Salzwasser zum Kochen, reduziere die Hitze und lasse die Knödel darin gar ziehen. Achte darauf, dass die Knödel ausreichend Platz haben, um sich zu bewegen. Sind sie gar, hole sie mit einem Schaumlöffel aus dem heißen Wasser. Dazu schmecken Butterbrösel mit Zimt oder eine schöne Weinschaumsauce.

Willst Du die Knödel mit Butterbröseln servieren, schmelze zuerst eine gute Portion Butter und rühre dann Paniermehl, Zimt und Zucker ein. Röste die Mischung so lange, bis sie goldbraun ist und herrlich duftet.

Entscheidest Du Dich aber für die Weinschaumsauce, nehme eine Metallschüssel und rühre darin Eigelbe, ein ganzes Ei und Zucker cremig, aber nicht schaumig. Dann gieße unter Rühren den Wein dazu. Schlage die Mischung über einem heißen Wasserbad so lange, bis sich das Volumen verdoppelt hat.

Warum entscheiden?
Ich mag die Kombination
aus beidem.

ZERRISSENER PFANNKUCHEN MIT ERDBEEREN

ZUTATEN

3 Eier

2 große Löffel Zucker

1 Prise Salz

½ große Schüssel Magerquark

2 große Löffel Crème fraîche

Schale von ½ unbehandelten Zitrone

½ kleine Schüssel Mandelstifte

³/₅ kleine Schüssel Hartweizengrieß

1 große Schüssel Erdbeeren

2 große Löffel Zartbitterschokolade

1 großer Löffel Vanillezucker

1 Prise Salz

2 große Löffel Butterschmalz

2 große Löffel Puderzucker

Für einen wohlschmeckenden zerrissenen Pfannkuchen nimmst Du als Erstes drei Eier und trennst sie sorgfältig. Es darf kein Eigelb im Eiweiß sein. Dann nehme das Eigelb, den Zucker und eine Prise Salz und schlage alles schaumig auf. Wenn Du das gemacht hast, nehme den Quark, die Crème fraîche, die Zitronenschale, die Mandeln und den Grieß und rühre alles unter die Schaummasse. Stelle den Teig zur Seite, so dass er einen Moment ruhen kann.

Während der Teig ruht, putze die Erdbeeren und viertele sie. Danach hacke die Schokolade und gebe sie mit dem Vanillezucker zu den Erdbeeren.

Schlage das Eiweiß mit einer Prise Salz ganz steif und hebe es vorsichtig unter den Teig. Dann erhitze die Hälfte vom Butterschmalz in einer Pfanne, die Du auch in den Ofen stellen kannst. Backe den Teig in der heißen Pfanne an und stelle sie dann für kurze Zeit bei mittlerer Hitze in den Ofen, um den Pfannkuchen fertig zu backen.

Zum Trennen gieße ich das flüssige Ei von einer Schalenhälfte in die andere und fange das Eiweiß in einer Schüssel auf.

Ist der Pfannkuchen fertig, zerteile ihn in kleine Stücke, gebe das restliche Butterschmalz darauf und bestäube ihn mit Puderzucker, so dass dieser karamellisieren kann. Serviere das Ganze mit den Erdbeeren.

Die Menge reicht aber nur für ein Dessert.
Für ein süßes Mittagessen braucht man die doppelte Menge.

SÜSSES MARONENSÜPPCHEN

ZUTATEN

4 kleine Schüsseln Maronen
½ Vanilleschote
1 Becher Milch
2 Becher Sahne
1 großer Löffel Zucker
Schokoladenflocken
Zimt
Zucker

Das garen dauert etwa eine halbe Stunde!

Wenn die Tage wieder kürzer werden und die Blätter golden von den Bäumen hängen, ist eine meiner liebsten Jahreszeiten gekommen: Die Zeit der Esskastanien, auch Maro-nen genannt. Sie müssen nicht immer nur geröstet oder gebacken sein, damit sie schmecken, auch wenn dies die traditionelle Zubereitungsform ist. Nein, sie schmecken auch sehr gut als süßes Püree. Dazu sammle genügend Maronen (Maroni), die Du kreuzweise an der flachen Seite einschneidest und in kochendes Salzwasser gibst. Gare das Fruchtfleisch, danach entferne die harte Schale sowie das feine braune Häutchen. Zerstampfe nun das weiche Maronen-fleisch zu einem gleichmäßigen Brei.

Jetzt schneide die Vanilleschote längs auf und kratze das Mark mit einem scharfen Messer heraus.

Die ausgekratzte Vanilleschote lege ich immer in ein gut zu verschließendes Gefäß mit feinem Zucker oder Salz. Die Schote gibt nämlich noch viel Aroma ab.

Gebe dann das Mark in die Milch und erwärme diese gemeinsam mit der Hälfte der Sahne und dem Zucker. Pass aber auf, dass es nicht zu kochen anfängt. Danach vermenge die Milch-Sahne-Mischung mit den zerstampften Maronen. Die restliche Sahne schlägst Du steif. Ist die Maronenmischung abgekühlt, ziehe die Sahne unter. Gebe noch Schokoladenflocken, Zimt und Zucker dazu.

Vanilleeis schmeckt sehr gut dazu.

DAS GEHT IMMER

Wer kennt das nicht: Eben steht man noch satt und zufrieden vom Tisch auf, aber kaum ist man zur Tür hinaus, da meldet sich der Magen schon wieder. So mancher Halbling, der dies ignoriert hat, wurde nicht wieder gesehen. Nein, das sind keine Schauermärchen einer alten Köchin, da frage die Alten in Deinem Dorf. Man wird Dir sicher auch von jungen, unvorsichtigen Halblingen erzählen, die beim Pilze- oder Kräutersammeln die Zeit vergaßen und nach einem halben Tag fast verhungert ins Dorf gekrochen kamen – oder gar nicht wiederkehrten. Auch in der eigenen Küche lauert Gefahr, wenn sich beispielsweise die gesamte Verwandtschaft zum Essen angekündigt hat. So mancher Küchenmeister hat mit seinen Gesellen vor lauter Magenknurren schon das Festmahl verspeist, und wie steht man dann vor den Gästen da? Drum sei gewarnt, junger Schüler, aber verzage nicht, denn wer verzagt und ohne Freude an sein Werk geht, dem wird auch der einfachste Eintopf nicht gelingen. Aber dazu gibt es nun wirklich nicht den geringsten Grund, denn es gibt eine Vielzahl an Gerichten, die sich herrlich eignen, diesen Problemen vorzubeugen und die Zeit zwischen den Mahlzeiten zu bewältigen. Einige gehen sehr schnell, andere lassen sich hervorragend vorbereiten, und wieder andere taugen dazu, Reste weiterzuverarbeiten. Diese letzten Rezepte stammen häufig von den großen Völkern, denn in unserer Kultur kommt das so selten vor, dass daraus gar keine Rezepte entstehen können. Hier findest Du ferner Gerichte, die warm wie auch kalt schmecken und sich daher wunderbar für ein Picknick oder ausgedehnte Wanderungen, die länger als eine Stunde gehen, eignen.

OLIVENBROT AUS DEM TOPF

ZUTATEN

1 kleine Schüssel gekochter Schinken

je 20 schwarze und grüne entsteinte Oliven

1 große Schüssel Mehl

4 Eier

½ Becher Olivenöl

½ Becher Weißwein

Salz

2 kleine Löffel Backpulver

1 kleine Schüssel Frischkäse

Öl zum Einfetten

Mische klein geschnittene getrocknete Tomaten dazu.

Zuerst würfle den Schinken und halbiere die Oliven. Dann vermische alle Zutaten sorgfältig und knete sie zu einem geschmeidigen Teig. Ist der Teig ein wenig zu feucht, gebe einfach ein wenig Mehl dazu. Forme daraus einen Fladen, den Du in einen großen, gefetteten Topf mit Deckel gibst (der in ‚Übers Kochen' erwähnte Datsch-Ofen). Beide sollten unbedingt aus Gusseisen sein. Schließe den Topf und stelle ihn auf nur wenig Glut, damit Dein Brot von unten nicht schwarz wird. Um aber genügend Hitze zu erzeugen, lege einen Großteil der Glut auf den Deckel. Wenn das Olivenbrot eine schöne goldbraune Kruste hat, ist es fertig.

HERZHAFTE TEEBRÖTCHEN MIT KÄSE

ZUTATEN

- 1 kleine gehäufte Schüssel Käse
- 1 kleiner Löffel Schnittlauch
- ½ halbe große Schüssel Mehl
- 1 kleiner Löffel Backpulver
- 1 Prise Salz
- 3 große gehäufte Löffel Butter
- 1 Becher Milch, nicht ganz gefüllt

Hacke zuerst Holz und heize den Ofen rechtzeitig für mittlere Hitze an, damit er genügend Temperatur hat, wenn Du die Teebrötchen backen möchtest.

Kaufe auf dem Markt aromatischen Käse, den Du dann reibst. Je stärker er riecht, desto mehr Geschmack bekommen die Brötchen. Gehe danach in den Garten, hole Schnittlauch und schneide ihn in kleine Röllchen. Hast Du das gemacht, mische das Mehl mit dem Backpulver und dem Salz in einer großen Schüssel und vermenge alles gut. Knete dann die

Butter, die Du vorher in kleine Stücke geschnitten hast, unter. Danach kommen die Hälfte des Käses, der Schnittlauch und die Milch dazu. Knete so lange, bis Du einen festen Teig hast und ihn ausrollen kannst. Wenn er nicht fest wird, gebe noch Mehl dazu.

Ich nehme dazu Käse von den Bergvölkern der Menschen.

Rolle den Teig etwa daumendick aus und steche Kreise aus. Lege diese auf ein gefettetes Blech und bestreiche sie mit ein wenig Milch. Backe sie für 10 Minuten bei mittlerer Hitze im Ofen goldbraun. Sind

sie fertig gebacken, bestreue sie, so lange sie noch heiß sind, mit dem restlichen Käse, so dass er schmelzen kann. Sie schmecken warm und kalt mit Butter.

Wenn ich die Teebrötchen mit dem Käse bestreut habe, stelle ich sie manchmal auch in die Restwärme des Ofens zurück. Dann schmilzt der Käse schneller und die Brötchen bleiben warm.

ALLERLEI PASTETCHEN

TEIG

6 Eier

4 kleine Schüsseln Mehl

3 Stamperl Weißwein

¾ kleine Schüssel Butter

1 Stamperl Sahne

1 Prise Salz

Fett zum Ausbacken

Diese kleinen Pasteten sind ein leckerer Imbiss, der immer passt, zu jeder Tages- und Nachtzeit. Je nach Geschmack kannst Du sie süß oder herzhaft füllen. Das bleibt ganz Dir überlassen. Zuerst machst Du aber den Teig. Dazu nimmst Du die Eier, die Du in Eiweiß und Eigelb trennst. Das Eiweiß hebst Du auf - das brauchst Du später noch. Dann siebe das Mehl in eine Schüssel, gebe die Eigelbe und den Weißwein mit der Butter, der Sahne und dem Salz dazu und verknete alles zu einem geschmeidigen Teig, der nicht mehr klebt. Sollte er dennoch ein wenig kleben, gib einfach ein wenig Mehl dazu.

Wenn ich weiß, dass ich wenig Zeit habe, bereite ich den Teig schon am Vorabend zu und stelle ihn kalt.

Dann bereitest Du die Füllung oder die Füllungen zu. Nimm das, was Dir schmeckt, oder das, was da ist, schneide es klein, würze es und binde es, wenn nötig, mit einem Ei.

Reste vom Vortag bieten sich prima als Füllung an. Besonders mag ich Hühnchen.

Du kannst Dich aber auch an folgenden Vorschlägen orientieren:

Für eine süße Füllung mit getrocknetem Obst, schneide die getrockneten Früchte in feine Würfel. Röste nun kurz die Nüsse in einer Pfanne ohne Fett und hacke sie dann. Gib sie mit Zimt, Kardamom und Honig zu den Fruchtwürfeln und vermische alles, so dass eine klebrige, aber noch stückige Masse entsteht.

Eine andere süße Füllung kannst Du aus Maronen und Birnen machen. Dazu

SÜSSE FÜLLUNG MIT TROCKENOBST

4 kleine Schüsseln gemischtes Trockenobst
  (Aprikosen, Pflaumen, Feigen,
  Datteln, Äpfel)
1 kleine Schüssel Hasel- und Walnüsse
1 kleiner Löffel Zimt
1 kleiner Löffel Kardamom
4 große Löffel Honig

HERZHAFTE FÜLLUNG MIT FLEISCH

4 große Schüsseln Bratenfleisch
½ kleine Schüssel Speck
1 Zwiebel
2 große Löffel gehackte Petersilie
1 großer Löffel gehackter Schnittlauch
1 Ei
Salz, Pfeffer

sammle eine ausreichende Anzahl an Esskastanien und mache daraus einen Brei.

Rezept für Maronenbrei steht bei „Süßes Maronensüppchen".

Nimm danach die Birnen, wasche sie und entferne die Kerne, bevor Du sie in feine Würfel schneidest. Mische die Würfel mit gehackten Mandeln, Honig und Ingwer unter das Maronenpüree.

SÜSSE FÜLLUNG MIT MARONEN

2 große Schüsseln Maronen
2 reife Birnen
½ kleine Schüssel gehackte Mandeln
2 große Löffel Honig
1 kleiner Löffel gemahlener Ingwer

HERZHAFTE FÜLLUNG MIT KÄSE

4 große Schüsseln Schafskäse
2 Knoblauchzehen
1 großer Löffel gehackter Schnittlauch
2 große Löffel Olivenöl
1 Ei
Thymian, Majoran
Salz, Pfeffer

Eine herzhafte Füllung kannst Du zum Beispiel mit Fleisch machen. Nehme ein wenig Bratenfleisch, das Du in kleine Stücke schneidest. Dann hacke Speck und Zwiebel in feine Würfel, die Du kurz in einer Pfanne anbrätst. Auch die Petersilie und der Schnittlauch werden fein gehackt, bevor sie mit dem Fleisch, dem Speck, der Zwiebel und dem Ei zu einer Masse verarbeitet werden. Gebe nach Bedarf noch ein wenig Salz und Pfeffer dazu.

Auch mit Schafskäse kannst Du eine herzhafte Füllung machen. Dazu brösle den Käse in eine Schüssel. Hacke danach den Knoblauch und den Schnittlauch in feine Stücke und gebe sie zum Schafskäse. Wenn Du das gemacht hast, füge Olivenöl, Ei, Thymian und Majoran hinzu und vermenge alles zu einer gleichmäßigen Masse, die Du noch mit Salz und Pfeffer abschmecken kannst.

Das Ei brauchst Du nur zum Binden und kannst es, wenn Du möchtest, auch weglassen.

Kommen wir wieder zu den Pasteten. Nehme den Teig zur Hand und gebe vor dem Ausrollen ein wenig Mehl auf die Arbeitsfläche und das Nudelholz. Dann rollst Du kleine Teigfladen aus. Sie sollten etwas größer als Dein Handteller sein und nicht zu dick. Gebe ein wenig von der Füllung auf den Fladen, bestreiche die Ränder mit Eiweiß und drücke sie fest zusammen, so dass keine Füllung entweichen kann. Erhitze ausreichend Fett in einer tiefen Pfanne oder einem Topf. Der Boden sollte etwa daumendick bedeckt sein. Ist das Fett heiß genug, backe die Pasteten von beiden Seiten goldbraun aus. Sie schmecken heiß und kalt, mit Sauce oder ohne.

Prima für ein Picknick oder als Proviant zum Pilze suchen.

FEINE KNOBLAUCHCREME

ZUTATEN

- 1 Eigelb
- ½ kleiner Löffel Weißweinessig
- 1 Becher gutes Olivenöl
- 4 Knoblauchzehen
- ½ kleiner Löffel Salz

Die Menschen, die an dem großen Meer im Süden wohnen, nennen diese Sauce „Aioli". Willst Du eine solche Knoblauchcreme machen, die zu Fleisch, Brot und Tomaten passt, nehme zuerst das Eigelb, das Du mit ein wenig Essig zu einer gleichmäßigen Masse verschlägst. Gebe nun immer wieder nur ein wenig Öl dazu, das Du sehr sorgfältig unterrührst. Mache das so lange, bis die Creme heller und dicker geworden ist und sich vom Schälchenrand löst.

Keine Abkürzungen! Das Öl darf nur in kleinen Mengen untergerührt werden, mir ist die Creme das letzte Mal geronnen.

Hacke anschließend den Knoblauch ganz fein und gebe ihn mit ein wenig Salz zur Creme. Stelle sie kühl und esse sie bald, da sie wegen des rohen Eigelbs schnell schlecht werden kann.

HÜHNERSUPPE

ZUTATEN

1 frisches, mittelgroßes Hähnchen

2 Möhren

1 kleine Stange Lauch

1 kleine Sellerieknolle

1 Zwiebel

2–3 Krüge Wasser

½ Bund Petersilie

2 Stamperl trockener Sherry

je 1 kleiner Löffel Curry und Ingwerpulver

Salz, Pfeffer

Willst Du eine kräftige Hühnersuppe machen, die dem Magen gut tut, gehe auf den Markt und kaufe ein mittelgroßes Hähnchen. Wenn Du sie nicht im Garten hast, dann hole auch noch zwei Möhren, eine kleine Stange Lauch, eine kleine Sellerieknolle, eine Zwiebel und ein halbes Bund Petersilie.

Hatte ich am Tag nach meiner Geburtstagsfeier. Es gibt nichts Besseres!

Wenn Du wieder zu Hause bist, putze das Hähnchen und lege es in einen großen Topf, wo es viel Platz hat. Dann putze das Gemüse. Schneide die Möhren und den Lauch in Scheiben, Sellerie und Zwiebel in Würfel. Gebe das Gemüse zum Hähnchen in den Topf.

Hast Du das gemacht, dann hole zwei bis drei Krüge frisches Wasser vom Brunnen und gieße so viel Wasser in den Topf, dass das Hähnchen komplett mit Wasser bedeckt ist. Dann bringe alles zum Kochen.

Wasche nun die Petersilie und scheide sie grob.

Siedet die Suppe, verringere die Hitze, gebe die Petersilie dazu und koche alles so lange, bis das Hähnchen durch und das Gemüse weich ist. Dann hole Hähnchen und Gemüse aus der Suppe raus. Schneide das Fleisch vom Hähnchen in mundgerechte Stücke und gebe sie wieder zurück in die Suppe.

Schmecke die Suppe zum Schluss mit Sherry, Curry, Ingwer, Salz und Pfeffer ab.

Als Variante gebe ich gerne Grieß- oder Markklößchen in die Suppe und lasse sie noch mal kurz aufkochen.

Weitere Einlagen: Nudeln, Pfannkuchenstreifen, etwas Gemüse.

REISEKUCHEN

ZUTATEN

1 Würfel Hefe

1 Prise Zucker

Wasser

4 kleine Schüsseln Butter

1 ½ große Schüsseln Mehl

5 Eier

½ kleiner Löffel Salz

eventuell Milch

4 kleine Schüsseln Trockenfrüchte (Äpfel,
Datteln, Pflaumen, Rosinen usw.)

½ große Schüssel Haselnüsse

1 große Schüssel Honig

3 kleine Löffel Anis

Fett

Hier findest Du ein Rezept für einen nahrhaften Kuchen, der Dein Bauchknurren zu besänftigen vermag, wenn Du längere Zeit auf Reisen gehen möchtest und Tavernen und sonstige Einkehrmöglichkeiten nur rar gesät sind. Nehme einen Würfel Hefe und verrühre ihn mit ein wenig Zucker und etwa einen halben Becher lauwarmem Wasser. Stelle das Hefewasser zur Seite an einen warmen Ort, bis Du kleine Blasen auf der Oberfläche sehen kannst. Während Du wartest, lasse die Butter schmelzen.

Wer möchte denn an einen Ort reisen, an dem es keine Tavernen gibt!

Danach verrühre Mehl, Eier, Hefewasser, Butter und Salz zu einem zähen Teig. Wenn der Teig zu trocken ist, gebe noch ein wenig Milch dazu. Der Teig sollte kaum vom Löffel fallen. Dann teile den Teig in zwei Hälften.

Wenn Du das gemacht hast, nehme die Trockenfrüchte, die Dir am besten schmecken, und hacke sie fein. Das Gleiche machst Du mit den Haselnüssen.

Mir schmecken Walnüsse besser.

Vermische dann die Hälfte des Teiges gut mit dem Honig, dem Anis, den Trockenfrüchten und den Nüssen.

Heize den Ofen auf. Danach nehme ein Blech mit besonders hohem Rand, fette es gut ein und verteile die Hälfte des übrigen, unverarbeiteten Grundteiges darauf.

Schiebe das Blech bei geringer Hitze in den Ofen und warte, bis diese erste Schicht fest geworden ist. Gebe nun die Teigmasse mit Honig und Trockenfrüchten oben drauf und lasse sie ebenfalls im Ofen fest werden. Zum Schluss verteile den restlichen Teig auf dem bereits gebackenen Teig und lasse den Kuchen fertig backen. Hat sich eine

goldbraune Kruste gebildet, ist der Reisekuchen fertig. Lasse ihn kurz abkühlen, bevor Du ihn schneidest, oder packe ihn für Deine Reise ein.

Besser:
Kuchen gleich essen
und zu Hause bleiben.

HACKBÄLLCHEN MIT KÄSE

ZUTATEN

1 große Schüssel Fleisch vom Rind, gehackt

2 Knoblauchzehen

2 kleine Löffel Salz

1 ½ kleine Löffel Pfeffer

1 ½ kleine Löffel Paprikapulver

1 ½ kleine Löffel Muskat

1 kleiner Löffel Majoran

½ kleiner Löffel Thymian

½ kleiner Löffel Cayennepfeffer

1 Messerspitze Nelken

1 Ei

2 große Löffel Semmelbrösel

2 kleine Schüsseln Gouda am Stück

Öl zum Anbraten

Für feine Hackfleischbällchen brauchst Du gutes Fleisch vom Rind, ausgewählte Kräuter und Gewürze aus dem Garten und vom Markt und ein schönes Stück Käse.

Zuerst hacke das Fleisch ganz fein, so dass Du es später gut kneten kannst.

Das macht mir zu viel Arbeit. Auf dem Markt bekomme ich das Fleisch schließlich schon fertig gehackt.

Nun schneide auch den Knoblauch sehr fein und gebe ihn zusammen mit den restlichen Kräutern und Gewürzen, dem Ei und den Semmelbröseln zum gehackten Fleisch und vermische alles gut.

Dann schneide den Käse in gleichmäßige Würfel mit etwa ein Zentimeter langen Kanten. Nehme danach etwas von der Fleischmasse ab, ein gut gehäufter großer Löffel sollte reichen, und drücke das gehackte Fleisch in der Hand flach. Gebe dann ein Stück Käse auf das Fleisch und umschließe dieses mit dem Fleisch gründlich. Mache das so lange, bis kein Fleisch mehr übrig ist, und iss den restlichen Käse auf.

Wenn Du das gemacht hast, setze eine große Pfanne aufs Feuer und erhitze darin Öl, in dem Du die die Fleischbällchen von allen Seiten anbraten kannst. Zunächst bei viel Hitze, dann bei weniger, so dass sie auch von innen garen, ohne zu verbrennen.

Man kann sie auch im Backofen fertig garen.

GEDÖRRTE APFELSCHEIBEN

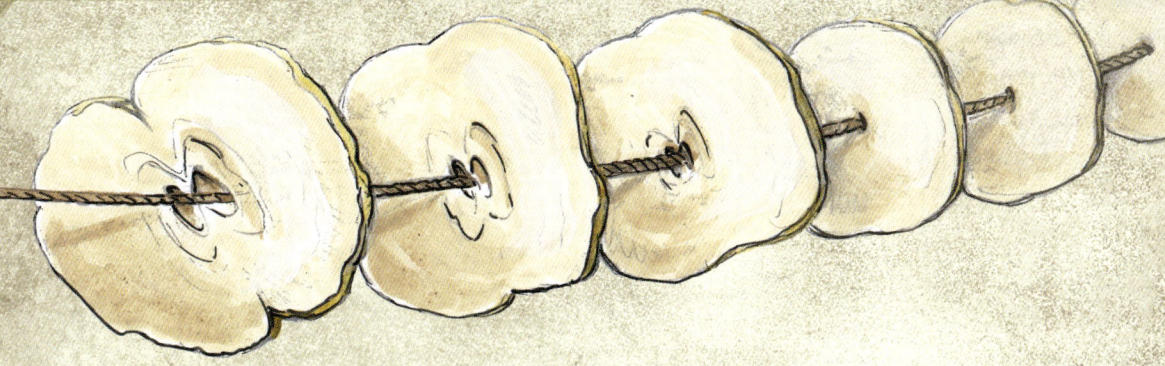

ZUTATEN

8 Äpfel
½ Krug Wasser
Saft von einer Zitrone
Nadel und Leinenfaden

Gedörrte Apfelscheiben sind gerade im Winter ein leckerer Imbiss oder eine prima Ergänzung im Brei. Willst Du also einen Vorrat für den Winter anlegen, gehe zu Deinem Apfelbaum und pflücke Dir acht schöne Äpfel. Sie können auch kleine Dellen haben, da diese später weggeschnitten werden.

Hast Du Deine Äpfel gesammelt, hole einen halben Krug frisches Wasser und gebe den Saft von einer Zitrone dazu. Dann wasche die Äpfel und schneide sie in Scheiben. Die nicht so schönen Stellen schneidest Du weg. Damit die Apfelscheiben nicht braun werden, gebe sie direkt nach dem Schneiden in das Zitronenwasser.

Wenn Du alle Äpfel zu Scheiben geschnitten hast, fädele sie vorsichtig auf die Schnur und hänge sie zum Trocknen ans Feuer. Je näher sie am Feuer sind, desto schneller werden sie trocken. Aber gehe nicht zu nahe dran, sonst können sie verbrennen.

Muss es mal schnell gehen, trockne ich die Apfelscheiben im Ofen.

VIELSCHOKOLADEN-KUCHEN

Einen saftigen Schokoladenkuchen bereitest Du folgendermaßen zu: Nehme drei verschiedene Sorten Schokolade. Von den zwei helleren Sorten hackst Du so viel, wie Du für den Kuchen brauchst, in feine Stücke. Die dunkle Schokolade für den Kuchen legst Du erst mal zur Seite. Nehme dann die Eier und den Zucker, die Du schaumig miteinander verrührst. Schneide danach die Vanilleschote längs auf und kratze das Mark heraus. Gebe es zur Eiermasse und vermische alles sorgfältig. Hast Du das gemacht, mische Mehl mit Kakao und gebe beides mit der Sahne zum Teig. Mache einen glatten Teig.

Daran denken: Vanilleschoten aufheben und in den Zuckertopf geben.

Manche Alchimisten verkaufen ein nach Vanille schmeckendes Pulver, das weniger kostet als echte Vanille. Sie nennen es „Vanillin". Besser ist aber echte Vanille!

ZUTATEN

1 ¼ kleine Schüsseln Vollmilchschokolade

½ kleine Schüssel weiße Schokolade

1 ¼ kleine Schüsseln Halbbitterschokolade

2 Eier

1 ¼ kleine Schüsseln Zucker

1 Vanilleschote

1 ¼ kleine Schüsseln Mehl

½ kleine Schüssel Kakaopulver

½ Becher und 1 Stamperl Sahne

1 ¼ kleine Schüsseln Butter

GLASUR

¾ kleine Schüssel Halbbitterschokolade

¾ kleine Schüssel Vollmilchschokolade

5 große Löffel Sahne

Nehme die dunkle Schokolade, breche sie in Stücke und schmelze sie mit der Butter in einem Wasserbad. Ziehe dann die geschmolzene Schokolade mit der gehackten Schokolade unter den Teig und fülle diesen in eine gefettete Form von 20 x 20 cm Größe. Backe den Kuchen so lange, bis das Stäbchen bei der Stäbchenprobe noch leicht feucht ist. Lasse ihn dann in der Form auskühlen, bevor Du ihn auf ein Brett oder Teller stürzt.

Schmelze nun die Schokolade für die Glasur im Wasserbad. Rühre Sahne unter und verteile alles gut auf dem Kuchen.

ZUM DUTCH OVEN

Zum Umgang mit dem Dutch Oven möchten wir ein paar Hinweise mitliefern. Die Faustregel für die Berechnung der benötigten Briketts für den Dutch Oven lautet: Durchmesser des Ofens in Zoll (Inch) mal 2 = Anzahl der Kohlen für 180 °C. Nachfolgend die Erfahrungswerte mit einem 12 Zoll (Inch) tiefen Lodge. Die jeweils vordere Zahl gibt an, wie viele Briketts auf den De-ckel gelegt werden, die zweite Zahl die Menge unter dem Ofen.

VERWENDUNGSART	120 °C	180 °C
köcheln		8/16
kochen		10/14
backen	10/16	16/8
schmoren/braten		12/12

Die Briketts halten je nach Hersteller 30-45 Minuten, demnach sollte man bei einer längeren Garzeit rechtzeitig neue Kohlen vorglühen und sie dann auflegen, wenn die alten zerfallen.

Der Deckel und auch der Topf sollten alle 15 Minuten gedreht werden. Je eine viertel Umdrehung – den Deckel mit und den Topf gegen den Uhrzeigersinn oder andersherum.

ZU DEN MASSANGABEN

Krug = 1 Liter
Becher = 200 ml
Stamperl = 20 ml
kleine Schüssel = 100 g
eine Handvoll = 100 g
große Schüssel = 500 g
kleiner Löffel = TL
großer Löffel = EL

geringe Hitze = 120 °C
mittlere Hitze = 180 °C

INDEX

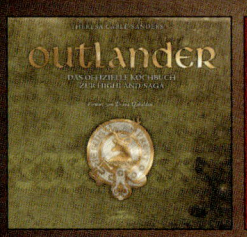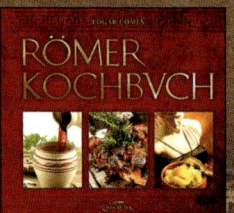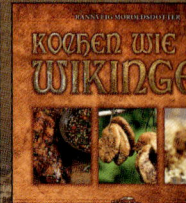